学前教育专业“十三五”规划教材

幼儿教育心理学

YOUER JIAOYU XINLIXUE

主　编　贺　敏　李　旸
副主编　谢育林　杨海珍
　　　　崔　清　刘朝玲
编　者　刘晓静　赵立铭
　　　　熊　敏

中南大学出版社
www.csupress.com.cn
·长沙·

图书在版编目（CIP）数据

幼儿教育心理学 / 贺敏，李旸主编. —长沙：中南大学出版社，2019.8

ISBN 978-7-5487-3369-0

Ⅰ.①幼… Ⅱ.①贺… ②李… Ⅲ.①幼儿教育—教育心理学 Ⅳ.①G44

中国版本图书馆 CIP 数据核字（2018）第 200724 号

幼儿教育心理学

贺 敏 李 旸 主编

□责任编辑 郑 伟 单金枝
□责任印制 易红卫
□出版发行 中南大学出版社
社址：长沙市麓山南路 邮编：410083
发行科电话：0731-88876770 传真：0731-88710482
□印 装 定州市新华印刷有限公司

□开 本 787×1092 1/16 □印张 11 □字数 223 千字
□版 次 2019 年 8 月第 1 版 □2019 年 8 月第 1 次印刷
□书 号 ISBN 978-7-5487-3369-0
□定 价 33.00 元

前言

幼儿教育心理学是学前教育专业的一门专业基础课程，也是学前教育专业学生必须学习和掌握的“三学”之一。在幼儿教师教育转型的背景下，幼儿教育心理学旨在为学生提供系统的理论知识和实用策略，帮助他们整合各种理论与经验，具备在真实教学情景中做出明智教育决策的能力。

以往的很多同类教材在理论知识体系构建上，知、情、意三部分的知识在教材中仍占较大比重；在呈现儿童知、情、意三方面核心知识时，都以核心概念（含义、基本特征）、儿童在这些核心心理现象上的年龄特点的固定模式来阐述；教学更多关注教师的主导作用，过分强调计划性的学习，重教轻学。本教材通过引入较多的案例，丰富了知识体系，以提升学生的学习兴趣，帮助学生更好地理解相关的内容。

教材的知识内容根据幼儿在园生活的常规观察，增加了幼儿期问题行为等主题，关注幼儿的行为和情绪问题，更好地促进了理论与实践之间的双向融合。通过对幼儿教育心理学主要内容的分析来反映我们的儿童认识观的转变和发展，揭示科学儿童认识观的核心特质，提醒我们要以社会动态背景下的身心发展视角来认识儿童。本教材在明确幼儿教育心理学对象和性质的基础上，以学习心理为核心，全面论述幼儿教育过程中的各种心理学问题。通过学习本教材，学生能够真正对“儿童是什么”的焦点问题进行思考，以正确的儿童观去看待儿童、发现儿童，从根本上理解儿童，对幼儿教育心理学的理论与实践有更为清醒、透彻的认识。

在编写过程中，编者虽然做出了很多的努力，但限于时间、水平，书中难免会有疏漏和不足之处，恳请各位读者批评、指正，以便今后修改完善。

编者

目录

第一章　幼儿教育心理学概述

【关键词】

程序教学；认知革命；社会性促进；教学最优化

【学习目标】

1. 了解幼儿教育心理学的发展历程。
2. 掌握幼儿教育心理学学科的性质。
3. 掌握幼儿教育心理学的研究方法。

【学习重点和难点】

重点：什么是幼儿教育心理学。难点：为什么要学习幼儿教育心理学？

【内容结构】

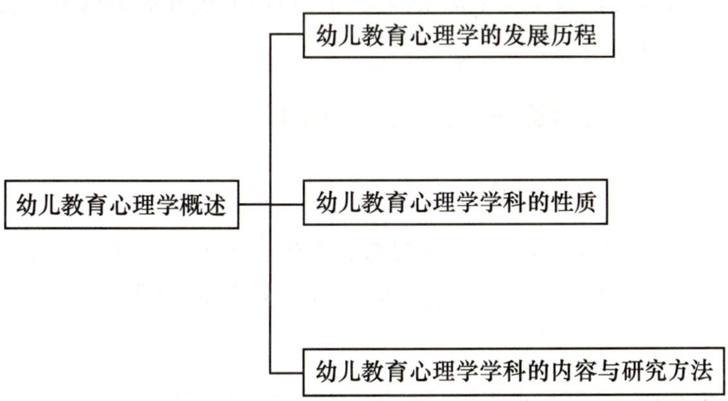

第一节 幼儿教育心理学的发展历程

【案例导入】

感动中国的高尚品德

1978 年，75 位诺贝尔奖获得者在巴黎聚会。人们对于诺贝尔奖获得者非常崇敬，有个记者问其中一位：“在您的一生里，您认为最重要的东西是在哪所大学、哪所实验室里学到的呢？”这位白发苍苍的诺贝尔奖获得者平静地回答：“是在幼儿园。”记者感到非常惊奇，又问道：“为什么是在幼儿园呢？您认为您在幼儿园里学到了什么呢？”这位诺贝尔奖获得者微笑着回答：“在幼儿园里，我学会了很多很多。比如，把自己的东西分一半给小伙伴们；不是自己的东西不要拿；东西要放整齐；饭前要洗手；午饭后要休息；做了错事要表示歉意；学习要多思考，要仔细观察大自然。我认为，我学到的全部东西就是这些。”在场的所有人对这位诺贝尔奖获得者的回答报以热烈的掌声。

思考：

如何理解这位诺贝尔奖获得者的回答呢？

作为一门学科，幼儿教育心理学的历史是短暂的。幼儿教育心理学作为教育心理学的分支学科，要从理论、实验及实践发展的高度来理解它，就必须弄清楚教育心理学发展的历史。近三百年来，哲学家、教育家、心理学家从多个角度对儿童教育的教学方法阐述了各种观点，做了大量的实践研究，得出的研究成果构成了幼儿教育心理学这门学科的基本内容。

一、教育心理学的孕育期（1700—1900）

（一）欧洲：教育心理学的孕育

18 世纪至 19 世纪初，当时教育家的教育主张流露出一些朴素的心理学思想，代表人物是：德国的赫尔巴特、瑞士的裴斯塔洛齐、法国的卢梭和福禄贝尔。

1. 赫尔巴特（1776—1841）

作为“教育科学之父”，赫尔巴特是第一位给自己的教育理论提出心理学依据的人。作为一位杰出的哲学家、心理学家、教育家，1809—1833 年他接任了康德在哥尼斯堡大学的教席，讲授哲学与教育学。他提出统觉（学习的过程表现为观念联想的过程）和统觉团（统觉过程是把分散的感觉刺激纳入意识形成一个统一的整体）的概念，以及著名的五段教学法——预备、呈现、联系、统合、应用，对提高课堂教学效率起到了很大的作用。

2. 裴斯塔洛齐（1746—1827）

裴斯塔洛齐反对背诵课文和机械记忆，认为教育应重视发展，学校应充满爱、友善、理解的氛围。

3. 卢梭（1712—1718）

在《爱弥尔》一书中，卢梭强调儿童自己会有所发现，教师不应替儿童思考，主张自然主义或浪漫主义教育。

4. 福禄贝尔（1782—1852）

作为幼儿园运动的倡导者，福禄贝尔强调活动是所有教育的根本，并为儿童活动设计了一套玩具，即恩物。

此外，还有英国教育心理学的两种思想。一种是观念联想的思想（洛克提出的）。另一种是官能的心理学（苏格兰哲学家提出的），在教育中表现为形式训练说，即人的心智是由各种感官构成的，每一种感官都可以通过练习来培养，就像肌肉可以通过练习使力量增强一样。形式训练说只重视形式而不重视学科的内容，因此，被后来的共同要素说取代。

（二）美国：欧洲教育思想的传播

欧洲的教育思想在 19 世纪传到了美洲大陆，对教育心理学有贡献的四位代表人物是：哈里斯、帕克、霍尔、詹姆士。

1. 哈里斯（Halris，1835—1909）

哈里斯是美国 19 世纪最著名的教育家，也是黑格尔的得意门生，但他特别欣赏赫尔巴特的教育思想。他认为，教育不应强调多看、多听、多操作事物，而应强调认识这些事物。1898 年他写的《教育心理学基础》对美国学校教育产生了深远影响。

2. 帕克（F.W. Parker，1837—1902）

帕克与哈里斯齐名，曾提出“昆西教育法”，主张摒弃传统的课程及刻板的教学方法，主张教师应围绕一个中心来安排相互联系的学习科目，强调社会活动及创造性的自我表现。

3. 霍尔（G.S.Hall，1844—1924）

霍尔是一位儿童心理学家，他留德返回美国后，于 1882 年创办了第一个心理学实验室。其最主要的兴趣就是研究儿童，被称为“儿童研究运动之父”，也是“美国儿童心理学之父”。他于 1891 年创办了第一份儿童和教育心理学刊物《教育学研究》，并于 1892 年创办了美国心理学会，任第一任会长。他是美国心理学的先行者，编制了近二百种问卷，对教育心理学的产生做出了贡献。

4. 詹姆士（W. James，1842—1910）

作为美国机能主义心理学的奠基人，詹姆士强调把心理学实验与课堂教学融为一体。1899 年，他写了《同教师谈话》一书，强调心理科学应与教学艺术相结合。

二、教育心理学的初创期（1900—1920）

（一）促使教育心理学诞生的三位学者

1. 杜威

杜威是一位哲学家、心理学家，实用主义哲学的创始人之一，功能心理学的先驱，美国进步主义教育运动的代表。作为进步主义的倡导者，他于 1896 年创立实验学校，主张学校应与社会生活联系，教育重点应从课本、教师转移到儿童，强调在做中学。

他的主要教育著作有《学校和社会》《明日的学校》《民主主义与教育》等。

2. 桑代克

桑代克是美国心理学家，人们称其为“教育心理学之父”。他是动物心理学的开创者，心理学联结主义的建立者和教育心理学体系的创始人。他在 1903 年出版了《教育心理学》，这是西方第一本以《教育心理学》命名的专著，标志着教育心理学成为一门独立的学科。该书分为三部分：一是人类的本性；二是学习心理；三是个体差异及其原因。后来他与武德沃斯共同研究，提出了学习迁移的共同要素说。

桑代克对教育实验的贡献表现在两方面：一是用自己的学习理论来改进当时的教学；二是开发了一系列测量儿童学习的量表，如阅读量表、书写量表、作文量表和绘画量表等。在他看来，凡是存在之物，均以一定的量而存在。总之，桑代克是心理学联结主义的建立者，提倡教育研究中的科学运动；杜威则为实用主义哲学的创始人，提倡教育中的进步运动。这两位心理学家的理论有以下不同之处。

（1）在人的行为本质认识上不同。桑代克认为，无论是低级行为还是高级行为都归结为联系的形成；而杜威反对把人的行为看成一种人为的科学结构，反对把人的行为进行人为的分析和简化，认为应该通过有机体适应环境的意义来研究人的行为。

（2）在对待心理学及其应用关系的认识上不同。桑代克不仅重视实验科学的方法，也重视使用测量方法。他认为各种做法都应建立在数据基础上；而杜威则认为，从科学向实践转化是一项长期的工作。

可以说，建立一门教育心理学，需要将桑代克的实验与理论风格同杜威的进步思想框架结合。教育心理学的创建既需要杜威，又需要桑代克。

3. 贾德

贾德获得冯特名下的博士殊荣，但他在教育心理学初创时的贡献被忽略了。人们仅知道他在迁移理论中占有一席之地。实际上在那个时代，他呼吁研究学习的高级心理过程是很有远见的。

在贾德看来，当冯特对语言及社会心理学的研究初露端倪时，詹姆士统治了美国人的思想。后来，行为主义成为美国人的一项革新，这些美国心理学家对德国的祖根不再感兴趣，带有异国特色的德国心理学思想被冷落了。如果当时能容忍多种学术思想的存在，并由此引发人们对高级心理过程更热情的探讨，像贾德所强调的那样，或许教育心理学的历史会被重写。

（二）格式塔心理学的观点和精神分析的观点

当桑代克的心理学联结主义和杜威的进步主义心理学观点还不足以解决教育理论的冲突时，曾有人指望从格式塔心理学中去寻找出路，像“顿悟”“理解”等术语又回到了教育心理学领域。哈特曼根据格式塔心理学观点写了一本《教育心理学》，任何事情都可用顿悟来解释：比如，一个女孩总是学不会游泳，突然某一天顿悟了能游50米。这种极端的看法引起了其他心理学家的反感。在20世纪三四十年代，教育心理学没有得到格式塔心理学的帮助。直到20世纪70年代后，关于思维和问题的研究才再次受到计算模拟专家（认知心理学家）的赞赏。

精神分析的观点在19世纪30年代是流行的，但很少被引用到教育心理学中。虽然精神分析对强调教育应适应儿童需要带来一些启示，但似乎并未给教育心理学的进展带来新的出路。

三、教育心理学的发展期（1920—1950）

（一）教育心理学受到关注

在杜威和桑代克对教育实践研究的推动下，教育心理学不断向前发展。心理科学与教育实践休戚与共，在较短的时间之后心理学和教育学分道扬镳了。直到第二次世界大战这段时间，当时心理学家迫切希望教育心理学成为一门自然科学，以便跻身世界科学之林。为此，心理学家纷纷走进实验室，贯彻技术路线，以求理论建树；而教育心理学家则更多地关注师资培训、教学法和课程改革。

（二）教育心理学的内容变化

从1926年华生对三本《教育心理学》教材的概括为起点，到1956年盖斯对83本教材的概括为终点，教育心理学内容发生了一些变化：一是对脑神经系统的关注下降，取而代之的是对人格、心理健康和无意识动机等的关注；二是对学习理论及测量的兴趣仍然不变，对发展心理学日益看重，但对学科心理学的关注下降。

这个时期教育心理学的发展体现在以下几个方面。

（1）心理学吸收了儿童心理学和心理测验方面的研究成果。

（2）精神分析理论得到广泛传播，儿童个性、社会适应及心理卫生等问题也被写进了教育心理学的教材中。

（3）行为主义和格式塔学派对动物学习的研究成果反映在教育心理学中。

（4）程序教学和教学机器的兴起丰富了教育心理学的内容。

（5）维果茨基把其在20世纪30年代提出的文化发展论和内化说写进了他的《教育心理学》中。

四、教育心理学的新发展：教育心理学的兴起（1960—1970）

（一）概述

20世纪60年代后，美国兴起了一场“认知革命”运动。早期行为主义心理学家不满内省心理学家，反对把自我报告的内容作为行为研究对象，认为只有直接观察到的刺激—反应联结的研究，才能使心理学成为一门真正的科学。但行为主义这种停留在人的行为水平上的分析，不足以解释人的高级认知活动，认知心理学家对行为主义进行革命被提上日程。另外，1957年苏联卫星上天，促使美国政府对传统教育进行改革，客观上也促进了这场认知革命运动的兴起。

（二）教育心理学发展的主要表现

1. 新技术对教育心理学的影响

新教学技术包括视听辅助手段、教学机器和计算机辅助教学。出现的与新技术相关的研究，包括：怎样使电视传递信息引起儿童主动反应而不是被动接受，语音实验室如何在外语教学中发挥作用。

2. 程序教学

斯金纳在《科学》杂志上发表的《教学机器》一文，使程序教学赢得了人们空前的关注。所谓程序教学，是指一种能让学生以自己的速度和水平，学习自我教学性材料（以特定顺序和小步子安排的材料）的个别化教学方法。

哈加德认为，程序教学和计算机辅助教学等新技术至少给教育心理学带来了三方面的成果。

（1）这类技术为个别化教学、诊断性教学以及获得儿童进步情况的精确记录开启了各种可能性。

（2）新技术所研究的是实际教学情境，教材都来自课堂而不是来自实验室人为的材料。

（3）一些技术性问题虽然难处理但却很能引起人的兴趣。一些心理学家热衷于教育技术这项工作。

3. 适应个体差异的教学改革

教师在处理儿童个体差异的方法上，往往采取升级、留级或跳级的措施。由于不同儿童年龄上的差异，这种做法不利于儿童的发展。有人提出了社会性促进概念，即让同龄伙伴在一起相处，有助于这些在身体上或发展上相近的儿童得到自然的发展。20 世纪 30 年代提出的能力分组或同质分组的方案受到了批评。

斯金纳的好友和追随者凯利提出了个别化教育法，要求教师转变自己的角色，应对每一位儿童具有更多的责任心。另外，布鲁姆的掌握学习原理也提倡个别化教育法。

4. 教育心理学的繁荣

20 世纪 60 年代至 70 年代初，教育心理学的发展以加涅出版的《教学心理学》为标志，强调教育心理学为教学实际服务。这个时期发生了以下一些重要事件。

（1）布鲁纳发起的结构课程改革运动。

（2）罗杰斯人本主义心理学的教育主张，强调以儿童为中心，尊重儿童。

（3）计算机辅助教学的研究，探索儿童在多媒体环境下的学习特点。

（4）奥苏伯尔的同化学习理论的主张。

（5）班杜拉的社会学习理论的提出。

5. 教育心理学的研究

尽管教育心理学的研究取得了一些成就，但未能令人满意。有人质疑斯金纳的程序教学，其将目标详细分解是否是教育最终要达到的目标。从 20 世纪 70 年代开始，早期认同行为主义的心理学家开始接受认知学派的观点。他们纷纷走出实验室，对教学过程进行分析与研究。

加涅在《心理学年度评论》杂志上评述了他的研究工作。到 1981 年，认知教育心理学已盛行起来。其教学理论和实践研究在更高的层面上对人的认识活动基础上得到进一步的统一。从 1970 到 1980 年，教学心理学的研究重点包括：一是对儿童在不同学科领域获得各种胜任能力所做的分析。二是对学与教的干预条件和干预活动所做的种种探索，如：儿童的知识是怎样组织起来的，不同学科的问题表征对问题解决的作用，认知策略、自我调控对解决问题的影响。

五、教育心理学的完善期（1980 年至今）

（一）教育心理学发展完善的表现特点

布鲁纳在 1994 年美国教育心理学会议上总结了十几年的研究成果，认为教育心理学发展进入完善期，表现为涵盖以下四个方面的内容。

1. 主动性研究

主动性研究如何使儿童主动参与教学过程，如何对自身活动做更多的控制。

2. 反思性研究

反思性是指从内部理解所学内容的意义。

3. 合作性研究

合作性重视在一定情境下将幼儿组织起来一起学习，如同伴辅导、合作学习和交互学习等。

4. 重视社会文化对学习的影响

总之，这个时期出现了不同流派、不同文化之间融合的趋势：教育心理学流派的分歧越来越小，一方面，认知理论和行为主义理论相互吸收了对方合理的东西；另一方面，东西方心理学相互吸收，如维果茨基的思想在西方受到了重视。

（二）近些年的新动向

随着信息技术科学的发展和网络时代的到来，教育心理学越来越受到人们的重视。

1. 从加涅到安德森

自 20 世纪 60 年代中期到 20 世纪 90 年代以来，加涅揭示了各类学习的种种内外条件，引发出教学设计中应当贯穿的各个原理。涉及知识（言语信息）、能力（智慧技能）、创造性（问题解决）、学会学习（认知策略）以及态度、品质学习的条件等。加涅多领域的探索并非由他一人完成，但体现了一位著名学者博采众长来建立自己的学说体系的能力。

（1）在知识获取问题上，他吸收了奥苏伯尔的有意义学习的概念。

（2）在从低级到高级学习的排序中，吸收了行为主义的刺激—反应的联结主义理论。

（3）在不同层次之间学习的联系上，吸收了达尔文的进化论思想，更高一级学习的可能性隐含于低级学习的结果中。

而认知心理学家安德森关于知识分类、知识表征和知识获得等内容被吸收进教育心理学中。如果说加涅的工作多涉及一些个别概念或规则的学习，就好像是一个人学习怎样弹奏单个音符一样，那么安德森的工作则像是把这些音符连起来，弹奏出一曲动听的歌。

2. 皮亚杰理论的新发展

20 世纪 80 年代中期后，凯斯对皮亚杰智慧发展理论进行了修正，认为教学可以根据儿童认知发展的复杂程度来设计。

3. 认知心理学的发展

认知心理学家对于各科教学，如阅读、写作、数学、自然科学等的认知与教学研究也有新的研究成果，丰富了教育心理学。

（三）教育心理学在我国的发展

中华人民共和国成立后，我国的教育心理学家主要以学习苏联教育心理学为主。

20 世纪 80 年代后，潘菽发表了《教育心理学》。之后，北京师范大学冯忠良、章志光、张必隐教授，华东师范大学邵瑞珍、皮连生、吴庆麟教授，都发表过相关的《教育心理学》著作。目前的教育心理学相关著作多以介绍西方理论为主。

第二节　幼儿教育心理学学科的性质

【案例导入】

代币制是行为改变技术中常用的一种方法。代币制是基于斯金纳操作性条件反射理论的一种方法。斯金纳认为，人的一切行为几乎都是操作性强化的结果，人们的任何习惯都可以通过及时强化习得。代币制又称标记奖酬法，是用象征钱币、奖状、奖品等标记物为奖励手段来强化良好行为的一种行为治疗方法。

代币制是教师为了强化学生的良好行为而采取的一种方法。所谓“代币”，可以是些小红花、纪念卡、五角星等类似的东西，这些“代币”积累到一定数量后可以“购买”“兑换”奖励。在奖罚的过程中利用代币制的方法来改变学生的不良行为具有很好的效果。

思考：

简单的纸币是如何被用来引导心理发展的呢？

一、对于幼儿教育心理学学科的界定

（一）幼儿教育心理学属于心理学还是教育学

幼儿教育心理学研究的核心是幼儿学习心理和幼儿教学心理，为突出其心理学研究基础的现实性和重要性，我们可以肯定地把幼儿教育心理学纳入心理学的学科范畴。

（二）幼儿教育心理学属于幼儿心理学还是幼儿教育学

幼儿教育心理学所涉及的内容或问题与幼儿教育学有很多相同之处，但是二者着眼点有所不同。前者涉及的是教学问题的心理学依据及其原因的问题。

至于幼儿教育心理学与幼儿心理学的关系，幼儿心理学所探讨的是幼儿心理发展的年龄特点和规律，本身就是教育教学的依据，所以像“认知发展与教育”“社会发展与教育”等内容就取自幼儿心理学。幼儿心理学侧重的是发展，而幼儿教育心理学侧重的是学习的心理基础、学习和发展的促进。二者都涉及研究的心理学层次，可以相互渗透与汲取，促进幼儿最大限度地学习，最大程度地发展。

（三）幼儿教育心理学与教育心理学

两个学科所涉及的基本体系、原理、内容是一样的，只是侧重点有所不同而已。幼儿教育心理学更加关注的是学前阶段儿童的学习与教学问题。幼儿教育心理学属于教育心理学的一个分支。

二、幼儿教育心理学的学科性质

幼儿教育心理学是一门独立学科，还是几门学科的大杂烩？衡量一门学科是否独立，有几个问题要考虑：这门学科是否有独特的研究对象；它是否有独立的研究方法。幼儿教育心理学研究的对象是幼儿学习与幼儿教学，它有独特性吗？

（一）幼儿学习的独特性

1. 幼儿学习不同于动物学习

幼儿学习，特别是较小婴儿的条件反射学习与动物的学习相似。但幼儿学习与动物学习相比，表现出语言、数字等方面的优势。特别不同的是，婴儿的学习有无限潜能。

2. 幼儿学习不同于但可类比于原始人学习

幼儿学习可类比于原始人类、远古人类的学习。就像“复演说”所讲，原始人在运用符号、绘画、思维、推理、解决问题等诸多方面表现出低水平，类似于幼儿的学习特点。借用早期人类文明进化时的思维方式、工具和学习方法，可以帮助理解和促进人类儿童初始阶段的学习。

3. 幼儿学习不同于小学生学习

幼儿表现出使用动作、工具、语言符号等内隐学习的特点，这不同于小学生学习。幼儿自身年龄上也有一个时间跨度，婴儿学习与幼儿学习有很大的不同；幼儿在学会口语表达前后表现出不同的学习方式。

（二）幼儿教学的特殊性

1. 幼儿教学表现出非正规性

幼儿教育与较大年龄儿童的教育不同，幼儿教育的对象是六七岁以前的年幼儿童。由于幼儿教学属于非正规义务教育，因此，在教学形式上要求比较宽松，对教学时间、课程、教材等没有什么严格的规定。

2. 幼儿教学目标重在幼儿发展

幼儿教学目标的重点是发展幼儿。幼儿的行为发展不够成熟，思维的发展处于较低水平，需要成人的教导。为了爱护幼儿，理应塑造他；但随着科学文明的发展，更多人支持让幼儿成为他自己，因此发展幼儿便成为重点。这里的深层意思是，更多的不只是传授知识，而是让幼儿的能力和个性得到全面发展。

3. 幼儿教学过程的特殊性

（1）以过程教学模式为主。

幼儿教学提倡过程教学模式，这是进步主义的教育观点。主要表现为以下几点。

①强调知识是由经验获得、由自己发现的。

②经验是教育过程的核心。

③幼儿的兴趣、能力和经验是教育的起点。

④在教学环境的安排上，赋予幼儿自由创造的机会。

⑤强调幼儿个人内在的心智、情绪、社会、生理经验。

⑥教学目标可随时根据幼儿的兴趣而改变。

⑦评价不重视事先设定的详细目标，不重视量化。

⑧教育环境适宜幼儿自由选择、自由探索。

⑨学习气氛是开放式的、非正式的。

⑩教师是环境的安排者、观察者、促进者、研究者、学习者。

（2）教材内容范围更广。

教材是教学的一个要素。在使用教材的过程中，强调师幼互动、幼幼之间互动。幼儿学习的教材包括游戏、作业本、操作物和各类媒体等。

（3）幼儿学习即活动。

活动，即生活，也即游戏，是一种人际交互活动。对于幼儿学习活动的设计，要考虑：活动是否符合孩子的年龄，活动是否适合孩子的背景经验，活动能否引起他们的兴趣，活动过程能否最大程度地促进其发展，活动是否可操作。

（4）建立良好的人际关系在幼儿教学中很重要。

爱心教育是促进幼儿适应学校的有效方法，也是幼儿教学的一项基本要求。另外，家长可以参与到幼儿园的教学与生活中去，鼓励家长到教室中去，协助教师做事情，指导幼儿学习，对课程提出意见等。

（5）幼儿教学方案有特殊性。

与小学不同，幼儿教学方案有以下几点不同要求。

①为幼儿安排的活动要适合其发展。如果课程太难，就像把孩子推到深水去一样，会使他们害怕水，即使能做到也会害怕。

②注重自我选择与教师引导之间的平衡，鼓励幼儿自己选择有兴趣的探索活动。

③好的教学方案应有丰富的内容，能体现出身体我、情绪我、社会我、创作我和认知我。

④具有适合各个幼儿的课程，各个幼儿能依据自己的速度来学习。

⑤教学方案具有稳定性、规则性和多样性，表现为：幼儿需要有不同的经验；提供难易程度不同的学习材料；避免单调，每一天的活动步调应有所不同；幼儿的各种经验必须保持平衡。

从以上分析可知，幼儿教育心理学在某种程度上有一个相对固定的、相对独特的研究对象，这是这门学科能够独立的重要基础。

第三节 幼儿教育心理学学科的内容与研究方法

【案例导入】

2010 年春晚，一个小女孩背诵《百家姓》的镜头给很多人留下了深刻的印象，也引起了各方争论。很多人认为这个女孩是神童，这样的孩子一般都具有特殊能力。

思考：

如果你遇到这样的孩子，你会怎么想呢？

一、学科的内容

近些年，教育心理学的内容理应包括德育、学科教育等，但随着其内容发生变化，越来越突出教与学的基本原理，于是就变为教学心理学（或学与教心理学）；另外，内容上越来越重视认知心理学的研究成果，于是出现了认知教学心理学。这是近年来教育心理学在内容上的变化趋势，也影响到幼儿教育心理学这门学科的内容建构。

幼儿教育心理学如何体现出自己的特色？在学科独立性方面本书尝试进行以下几方面的改进。

（1）吸收教育心理学中基本原理和基本理论的精华，如学习理论、动机理论、迁移理论、教学过程设计原理等，并尽可能与幼儿教育的实际联系起来。

（2）突出发展心理、个体差异和群体差异与教育中所涉及的早期儿童的部分，增加幼儿的自我认知、情绪智力发展、创造力培养、社会化等教育问题，增强对幼儿教育实践的指导性。增加学科教育的章节，如幼儿阅读、双语和书写、数学和科学。

（3）动作和品德、艺术和音乐等学科所涉及的基本学习特点及教学问题，并提升心理学研究的高度。

（4）从研究角度，审视幼儿的活动设计与指导、活动室管理、幼儿教育测量与评价等教学问题。

二、学科的研究方法

研究方法对一门学科的发展来说是极为关键的。幼儿教育心理学研究教师教和幼儿学，涉及人、环境及二者互动的情况等诸多因素，要达到深层次的研究是不容易的，需要多种学科的综合知识，并采用各种研究方法。

(一)描述法与实验法

描述法，包括观察法、调查法、文献法、测验法等。实验法，包括自然实验法和实验室实验法。教育心理学家使用的多种研究方法，大都属于这两类。早期行为主义的代表桑代克、斯金纳等使用的是实验室实验法；皮亚杰使用的是临床法、观察与口头报告；班杜拉使用的是现场观察法、实验室实验法；赞可夫使用的是教育实验法；维果茨基使用的是描述法、文献法、思辨法；当今认知心理学家使用的科学技术和方法包括行为实验、脑科学成像技术、计算机模拟和口头报告等。

(二)研究的基本问题与回顾

1. 幼儿教育心理学研究的基本问题

（1）人是如何学习的？

（2）婴儿、儿童与成人学习有何不同？

（3）人的学习与动物学习有何不同？

（4）儿童的个体差异何在？

（5）学习的东西有多少是由文化塑造的？

（6）哪些学习方式更关键或更重要？

（7）学习是否存在无师自通的情况？

（8）好的教师是如何形成的？

（9）不同时期的心理学家对上述问题是以何种不同方式进行研究的？

2. 研究路线

历史上，对教育心理的研究大约有两条路线：一是早期的学习心理学家试图建立一种通用的、适合整个种类发展的学习理论；二是对教学理论、教学实践研究的路线的兴趣和研究。

3. 研究重点演变

从时间上看，早期研究注重个体的学习过程，后期研究注重文化背景的重要性。这个演变过程包括以下几个方面。

（1）詹姆士、杜威强调以相互影响来概括学习。

（2）斯金纳强调环境决定论。

（3）认知理论家关心学习的内部反应。

（4）维果茨基回到相互作用论，强调社会文化对学习的影响。

4. 研究的两难问题及解决途径

教育心理学研究有理论与实践的两难问题：一是偏理论与实验，偏离了教学实践；二是偏教学实践，缺乏理论和实验支持。具体表现在以下几个方面。

（1）缺乏理论与实践的统一性。

事实上，教育心理学的很多研究往往缺乏心理学的深度，特别是难以找到把各种研究连起来的一条线索。奥苏伯尔作为一个教育心理学研究者，他批评说，教育心理学研究似乎是难以消化的、没有条理的、肤浅的，因为它是把学习理论、发展心理学、社会心理学、测量等以及以儿童为中心的教育串在一起的混合物。

（2）教育心理研究迷失了方向。

在20世纪六七十年代，主流心理学强调实证主义，采用实验研究收集了很多证据，但这种理性的、客观的假说，并不适应教育的现实。解决以上两难问题的途径在哪里？一种现实主义的方法是把理论概念整合到适应特定儿童群体学习需要的教学策略中。如为了让教育一线的人（教师、父母）懂得心理学，出现了学校心理学。学校心理学者被称为心理教育家、心理咨询师、辅导者等。当然，学校心理学作为非理论性的专业，往往以一种无效方式扮演救火队角色来医治教育系统的“病症”，或者被嘲讽为一个分散教育资源的守门员。当然这也是一种很好的做法。

总之，以往教育心理研究可被看做深奥的、学术化的学科，常常与教师、学习者在实际教育情境中面临的问题相脱节，为此在幼儿教育心理学研究中应引起特别关注。

（三）历史对幼儿教育心理学研究方法的启示

20世纪初至今，学习理论的发展对幼儿教育心理学研究方法有重要的启示。

1. 科学实验心理学是方向：早期的探索和新的发展

早期的教育心理研究提出的假设和问题在使用新的研究技术前提下会有新的发展，例如：①早期的动物学习研究，行为主义和格式塔心理学都做了有益尝试，开创了学习研究的目标，后来出现习性学等理论。②赫尔心理学研究的数学化倾向，虽然其道路最后越来越窄，但仍然预示着一种未来的期盼，也许等计算网络学、神经生理学取得突破性进展之后会重新有用武之地，到那时学习复杂性的难题将被彻底解决。③拓扑心理学用物理空间来说明心理行为的发生和规律，把物理学、拓扑学的概念引入心理学，也不失为一种全新的理念，这种颇具魅力的理论在未来仍旧会再次发展。

研究技术的新发展，生物学、神经科学方法对学习机制的研究，包括非侵入性成像技术，如正电子放射层X线摄影术、功能性核磁共振成像术等，可直接观察到人的大脑内部的学习过程，认知神经科学为早期经验对学习影响提供了证据。以人类学、儿童生态学、文化比较、语言学等为方向的人文科学方法，更具现实意义。或者说二者的结合构成了认知科学研究方法，必将为幼儿学习与教学的研究带来根本性的革命。

2. 思辨研究方法仍有生命力和前景

从杜威实用主义到后现代主义，从行为主义、精神分析到人本主义，从认知理论到建构主义、多元智能理论，这些理论发展无不对幼儿教育心理学研究产生重要影响。科学哲学、教育哲学、心理学的思辨研究方法仍有生命力和前景。

心理分析理论、心理治疗经验应用于教学就是很好的例子。典型的代表人物是艾里克森和罗杰斯。前者提出社会性发展理论，强调心理发展与文化冲突的关系；后者倡导人本主义教学理论，强调课堂气氛、尊重儿童和无条件关注。另外，洛扎诺夫的暗示教学法在世界上也有影响力。

3. 新皮亚杰学派对认知发展的研究

皮亚杰于 1980 年去世后，他的理论发展并未停止。新皮亚杰心理学家对智力的探索一直在继续，这些成果必将丰富幼儿教育心理学。这方面的理论包括以下几点。

（1）三元智能理论，即情境理论、经验理论和成分理论。

（2）认知理论的重要观点：①心理加工空间包括储存空间和操作空间，个体认知发展意味着储存空间增大，而操作空间缩小；②强调认知发展的可能性；③认知发展有四个阶段：感觉运动、表象性操作、逻辑转换和形式转换。

（3）人类认知适应性行为，其机制是选择策略的使用。儿童在处理问题时不是使用一种固定的策略，而是交替使用多种策略，在时间上对策略进行调整。

4. 心理学与学校教育相结合

心理学与学校教育相结合是幼儿教育心理学的出路，也是百年来教育心理学发展的经验结晶。认知心理学理论与实际教学改革相结合，带来了其在 20 世纪 50 至 60 年代的繁荣，出现了大量的理论：螺旋式课程理论（布鲁纳）、教学与发展理论（赞可夫）、同化学习理论（奥苏伯尔）、累积学习理论（加涅）、社会学习理论（班杜拉）、掌握学习理论（布鲁姆）、程序教学理论（斯金纳）、最优化教学理论（巴班斯基）等。像巴班斯基的最优化教学理论，以系统论、控制论和管理科学的方法处理教育教学问题，拓宽了教育心理学研究的视野；教学最优化的效果、质量和时间精力的双重标准，极具现实意义。

5. 走向统一：进入一个真实的历史发展

20 世纪教育心理学研究的一个突出问题就是理论、研究与实践三者之间缺乏统一性，这是一个必须解决的问题。要使教育心理学研究深化，使幼儿教育心理学作为一门独立的学科发展下去，就必须解决这一问题。这里有两个问题可以讨论。

（1）冯特的预言。

心理学研究先锋人物冯特预言，心理学应被看做文化科学的代表而不是自然科学的代表，应把幼儿教育心理学从客观科学王国中独立出来，置于一个真实的世界中。

（2）詹姆士的预言。

詹姆士在《同教师谈话》中说："如果你认为，心理学作为关于心理学规律的科学可以演绎和确定的话，那么，就可以立即用课堂教学的程序、模式或方法，那你的想法就特别片面了。心理学是一门科学，教学是一门艺术，科学永远不可能直接从自身中产生艺术。"总之，幼儿教育心理学的研究必须走向理论、实验与实践的统一。

【拓展阅读】

教育心理学的研究方法

1. 描述性研究

这类研究收集关于具体情境的详细信息，经常使用观察、调查、会谈、记录的方法或同时使用多种方法。

2. 人种学研究

这种描述性的研究方法关注群体生活，并试图解释群体中的事件对群体人员的意义。

3. 参与式观察

这是进行描述性研究的一种方法，研究者为了更好地了解某群体的生活而成为某研究情境的参与者。

4. 个案研究

个案研究即集中研究一个人或一种情境。

5. 相关研究

这是两个变量如何相关联的描述统计。

6. 实验研究

这是研究者操纵变量并记录结果的研究方法。

幼儿教育心理学的任务

【思考与练习】

1. 简述幼儿教育心理学的发展阶段。
2. 如何运用新的研究方法和思路来提升幼儿教育心理学的学科水平？

第二章　学习与幼儿学习

【关 键 词】

智力；记忆程度；学习模式；学习方法

【学习目标】

1. 了解幼儿学习与学习的基本概念。
2. 理解并掌握幼儿学习的特点。
3. 掌握幼儿学习的方法并将其运用于幼儿教育指导。

【学习重点和难点】

本章的学习重点是幼儿学习的过程，以及学习中运用的技巧和方法；其难点在于对幼儿学习方法的熟练运用，以使幼儿较好地接受学习。

【内容结构】

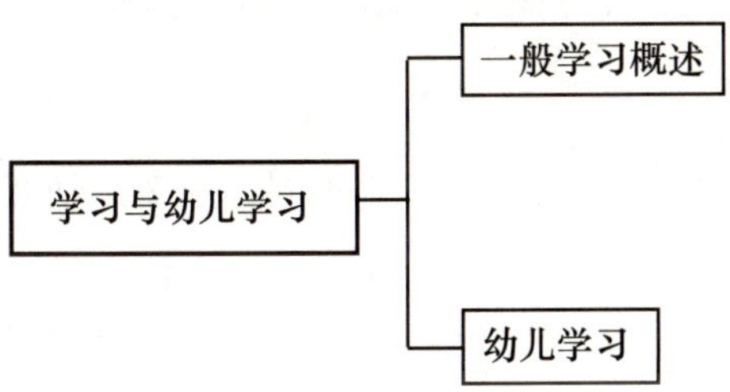

第一节　一般学习概述

【案例导入】

4 岁的萍萍和 6 岁的丹丹从画有人、车、马、虎的 4 张图片中取出 1 张与其他 3 张不属于同一类的图片，她们都能将“车”取出。但是，萍萍解释取出“车”的原因是“人、马、虎都有头、身子、脚”，丹丹解释取出“车”的原因是“人、马、虎都是活的、有生命的”。

思考：

萍萍和丹丹的描述为什么不同呢？

一、学习的定义

按照学习主体的不同，学习可分为动物学习、婴儿学习、幼儿学习、成人学习、原始人学习、机器人学习等，下面介绍人类学习、幼儿学习的特点以及学习的心理学定义。

（一）人类学习的特点

学习不是人类所独有的，动物身上也存在学习现象，但人类学习与动物学习是有根本区别的。那么，人类学习的特点是什么呢？

（1）人类学习是在劳动等社会实践活动中掌握个体和社会经验的过程；

（2）人类学习是以语言交际为中介，掌握人类历史经验的过程；

（3）人类学习是有目的、自觉、积极、主动的过程。

（二）幼儿学习的特点

就人类的学习而言，幼儿学习与成人学习也不同。那么，幼儿在学校里进行的学习有什么特点呢？

（1）幼儿学习是一种特殊的认知活动，既需要学习间接经验，又需要获得直接经验；

（2）幼儿的学习是在教师的指导下，通过学校教育获得知识和技能的过程；

（3）幼儿的学习是为参与未来的生活实践作准备的，也是一种社会化的过程。

幼儿学习的内容包括很多方面，如学习动作技能（学舞蹈、学手工）、学习艺术（学绘画、学音乐）、学习科学、学习读写、学习品德等。

（三）学习的心理学定义

学习问题是教育心理学研究中最核心的问题。心理学一般认为，学习是人和动物在生活中通过实践训练而获得的、由经验引起的相对持久的心理变化过程。

学习的这个定义包括以下四个要点。

（1）学习是人和动物所共有的心理现象。

（2）学习必须是由经验引起的学习者的某种变化。

（3）学习所引起的变化不是先天性的反应倾向或成熟导致的，而是后天习得的。

（4）学习必须是通过练习和训练而引起的，能保持一定时期的某种变化。

二、学习过程的模式

只了解学习的基本特点和含义是不够的，还应对学习的内在过程、学习机制作进一步考察。下面介绍几个主要模式或理论。

（一）我国古代学习过程模式

1. 学习结构有两条主线

乔炳臣和潘丽娟提出了一个知行合一的学习模式，认为其中一条主线是围绕智力因素展开的，包括学、思、习、行活动。这些活动又可分为博学、审问、慎思、明辨、时习、笃行六个分阶段，前四个分阶段都要与时习直接发生联系，促进学习及时达到巩固记忆、熟练技能、开发智力的目的，为笃行奠定基础。另一条主线是围绕非智力因素展开的，包括以情、意为主的心理条件对知行统一的过程所产生的影响作用。

2. 学习过程是一个活动过程

这一模式把学习过程视为一个极其复杂而又完整的活动过程，它建立在人的全部心理活动基础之上。具体来说，这一结构模式的层次纵横交错。

（1）横向。从横向上来看，该模式由知到行分五个层次，体现了由简到繁再到简的认识过程，反映了由约到博再到约的博约结合的学习规律。

（2）纵向。从纵向上来看，由学到思分博学、审问、慎思、明辨四个层次，分阶段体现着学习是一个由表及里、由浅入深的过程。由学到思即从感性认识到理性认识的逐步深入发展的过程。从学习内容看，由时习到笃行既学习知识又学习道德规范。从学习过程的整体来看，反映了知能相因、德业相辅两大学习规律。

（二）学习过程的环状结构理论

列昂节夫认为，人的学习过程是一个环状结构，由三个基本过程构成。

1. 定向环节

定向环节指出活动开始于外界环境的刺激作用。

2. 行动环节

行动环节是紧接定向环节的动作而来的，是在定向环节的调节支配下发生的，其作用是表明新的定向会付诸实施，对动作的对象施加影响。

3. 反馈环节

反馈环节是执行环节中动作结果的回归式内导系统，它可以提供内反馈信息（指来自机体效应器官活动所发生的动觉刺激）和外反馈信息（指来自机体效应器官活动所引起的现实变化）。

（三）幼儿学习的生成模式

维特罗克认为，人的学习是主动地构建对输入信息的解释，人们在生成所知觉事物的意义时，总是与其以前的经验相结合。他认为，学习生成包括四个成分：生成、动机、注意和先前经验。学习生成是指新知识的内在联系（文内联系）和新知识与旧有的经验联系（文外联系）；动机是指积极生成两种联系的愿望；注意是指引生成过程方向的因素；先前经验包括已有的概念、反省认知、抽象知识和具体经验。

（四）学习与记忆的信息加工模型

加涅提出了一个较为完整和系统的学习与记忆的信息加工模型。学习是加工、执行控制、预期三个系统协调活动的过程。

1. 加工系统

加工系统又称操作系统，它由受纳器、感觉登记器、工作记忆（短时记忆）、长时记忆、反应生成器和反应器构成。

2. 执行控制系统

执行控制系统对整个加工系统进行调节和控制，它对信息加工具有内在调节控制能力，加涅称其为认知策略。

3. 预期系统

预期系统是信息加工过程中的动机系统。它与执行控制系统一样，不包括在完整的信息加工过程中，但对加工过程起定向作用。其预期的事项通常是幼儿期望达到的目标，即学习的动机。如果预期目标成功实现，就会令学习者感到满足、愉快，从而能增强幼儿学习的信心，使其更加努力地投入到下一个学习活动中去。

三、学习的分类

复杂的学习过程不但范围广，而且学习形式也多样。对学习分类的了解有助于教师了解幼儿学习的特点，有效组织教学。

（一）加涅的分类理论

加涅是一个受过严格行为主义训练的心理学家，他几乎终生从事学习分类的研究工作。

1. 水平分类

根据学习活动的复杂性程度，学习由低级到高级分为八个水平。

（1）信号学习，即巴甫洛夫的经典条件反射，它是指有机体学会对某个信号或刺激做出概括性的反应。

（2）刺激反应学习，即桑代克的刺激与反应的联结学习，它是学习者学会对某个刺激获得准确反应的过程。

（3）连锁学习，即运动联想学习，它是一系列刺激与学习者动作的联合。

（4）言语联想学习，其实质是连锁学习，只不过它是语言单位的连接。

（5）辨别学习，即学习者学会对许多貌似相同但实质不同的刺激做出识别反应。

（6）概念学习，即学习者在对刺激进行分类时对事物抽象特征的反应。

（7）原理学习，即概念的连锁学习，它使个人能用一类行动对一类刺激做出反应。

（8）问题解决学习，是原理学习的自然扩展，发生在学习者的内部。

2. 学习结果分类

根据幼儿的学习结果，可以把学习分为以下几种。

（1）言语信息，是指能陈述或用语言文字表达的知识。其知识用来回答世界是什么，其能力要求主要是记忆力好。

（2）智慧技能，是指幼儿运用符号办事的能力。在这里，知识是用来回答怎么办的，对幼儿的能力要求主要是理解和运用概念与规则，进行逻辑推理。

（3）认知策略，是指个体对自身的认知加工过程进行内部调节控制的能力，它是幼儿学会如何学习的核心部分。

（4）动作技能，是指习得的、用来协调自身肌肉活动的能力。

（5）态度，是指习得的并能决定个人行为选择的内部状态。

这五种学习结果又分属三个领域：前三种学习结果属于认知领域；第四种学习结果属于动作技能领域；第五种学习结果属于情感领域。加涅的学习结果分类理论得到了全世界的普遍认可。

（二）布鲁姆的教育目标分类理论

布鲁姆认为，教育目标也是学习的结果，因此，他把学习分为认知学习、情感学习和技能学习三大领域。认知学习由低级到高级分为认知、领会、运用、分析、综合和评价六个水平。

不同的目标其具体内容如下：

（1）认知：指对先前学习过的材料的记忆。

（2）领会：指对材料意义的把握。

（3）运用：指能将习得的材料应用于新的具体情境。

（4）分析：指能将整体材料分解成其构成成分并理解其组织结构。

（5）综合：指将部分组成新的整体，包括把一些思想重新组合成一种新的、完整的思想，产生新的结构。

（6）评价：指对材料进行价值判断的能力。

（三）奥苏伯尔的知识学习分类理论

奥苏伯尔按两个维度对学习进行分类，一是根据学习方式把学习分为接受学习和发现学习；二是按照学习内容和学习者与原知识的关系把学习分为机械学习及意义学习。他认为接受学习可以是机械的，也可以是有意义的。

奥苏伯尔强调意义学习的重要性，他把意义学习分为三类。

1. 符号学习

符号学习也称代表性学习，是指学习单个符号或一组符号所代表的事物和意义。符号学习的内容主要是词汇以及掌握词的形、音、义的关系。

2. 概念学习

概念学习分为两种情况。一是概念的形成，即用某种符号概括同类事物的共同本质特征的过程。概念形成就是掌握一类事物区别于他类事物的关键本质特征。二是概念的同化，即以定义的方式直接向学习者呈现同类事物的本质特征。

3. 命题学习

命题学习是学习若干概念组成的句子的意义，通过句子来理解各个概念的含义及其结构关系。新命题与原有观念之间存在三种关系，即下位关系、上位关系和并列结合关系。弄清楚这些关系对于学习新的命题来说是十分重要的。

第二节　幼儿学习

【案例导入】

有一位教师在教幼儿背诵前，先把诗的内容绘成美丽的图画，再以故事的形式向幼儿讲述诗的内容，进而引导幼儿对诗中提及的“眠”“晓”“啼鸟”等进行讨论，结合幼儿的生活经验帮助他们理解。

思考：

你觉得老师的做法符合幼儿记忆的特点吗？为什么？

一、幼儿学习的层次和种类

（一）婴幼儿学习的层次

1. 婴儿的学习

幼儿学习应从 3 岁以后算起。而在此前，婴儿的学习可以分为三个层次。

（1）习惯化：指婴儿接受一种引起选择性定向反应的刺激后，重复或不断地接受刺激从而导致不再对该刺激产生反应的现象。相反，去习惯化是指经过一段时间，当这种刺激再次出现时婴儿对该刺激产生反应。

（2）经典或工具性条件反射学习或刺激—反应联结学习，类似于信号学习。

（3）语言的掌握或概念的学习。

这一分类反映了婴儿学习从低级到高级、从简单到复杂的发展过程。

2. 幼儿的学习

幼儿学习的发展不仅表现为学习内容上的不断深化，还反映在学习方式的复杂化上。一般来说，幼儿的学习方式是由单纯联合学习或机械学习向中介性联合学习过渡的。

幼儿学习可分为三个层次。

（1）辨别学习。

（2）概念学习。

（3）解决问题学习。

（二）幼儿的学习种类

1. 按学习内容分类

（1）技能学习。

技能学习是指幼儿通过练习掌握动作或智力技能的活动过程。

（2）概念学习。

概念学习是指幼儿获得概念一般意义的过程，即掌握概念的本质属性，并将具有共性的同一类事物用词语来加以概括。

（3）创造性学习。

创造性学习是指幼儿发挥主体性和能动性，进行自我建构、自我发现的学习。例如，幼儿在探索性游戏中获得认知发展。

（4）社会性学习。

社会性学习是指幼儿在活动中获得社会性经验并改变其行为的过程。例如，幼儿学会如何待人待物。

2. 按学习方式分类

（1）发现学习和接受学习。

发现学习是由学习者通过亲自参与、独立思考、独立探索去发现知识。接受学习是指学习者通过教师讲授的方式来学习知识。在实际教学中，幼儿的这两种学习方式都是存在的。

幼儿学习的主要方式

（2）言语学习和操作学习。

言语学习是指主要借助于言语交流，通过意义理解来获取知识。操作学习是指主要借助于实物操作，通过动作内化获取知识。这两种学习方式对于幼儿的发展来说都是重要的。

（3）关系中的学习。

关系中的学习是指幼儿个体在与他人游戏、交流、合作、冲突等联系中获得知识，包括同伴游戏中的学习、交往学习、合作学习和冲突中的学习等。

二、幼儿学习的基本活动模式及其特点

（一）幼儿的操作学习及其种类

幼儿学习的基本活动模式是操作学习。操作学习是一个复杂的认识过程，它既包括以操作为方法和手段的操作性学习，又包括以操作为目的和内容的操作本身的学习。根据学习的主要目的，操作学习分为以下几种：

1. 探究性操作学习

探究性操作学习的目的是培养和提高儿童操作学习的兴趣，使儿童善于发现问题并积极思考，从而锻炼其思维感知能力。

2. 形成性操作学习

形成性操作学习的主要目的是使幼儿掌握知识、技能，培养分析、综合、分类、概括和理解等能力。

3. 强化性操作学习

强化性操作学习以动作技能的巩固和掌握为主要目的，是带有训练性质的模仿性操作学习。这类学习由演示、观察和再现等基本操作环节组成。

4. 创造性操作学习

创造性操作学习是指依靠想象，对经验进行创造性应用的学习过程。

（二）幼儿操作学习的特点

与语言学习相比，幼儿的操作学习有哪些特点呢？

（1）在学习方式上，语言学习通过词语理解进行学习，是一种言语—经验学习，语言为学习的载体；操作学习是以内、外部动作来获得经验的学习，即动作—经验学习，动作是学习的载体。

（2）在学习内容上，操作学习的知识、技能是语言学习所无法获得的。

（3）在学习过程和结果上，语言学习中的幼儿既是学习活动的主体，又是教学活动的对象，因而有一定的被动性，语言学习的结果是获得他人的间接经验；而操作学习的过程是以幼儿为主体的活动，结果是获得主体的经验。当然，随着幼儿年龄的增长和其抽象思维水平的提高，语言学习也就变得越来越重要。

三、幼儿学习活动的实质

（一）游戏是幼儿学习的基本形式

对于幼儿来说，游戏不仅是一种玩耍，还是一种学习和生活形式。游戏是一个幼儿基于内在动机的选择，没有固定模式地主动参与活动的快乐过程。幼儿通过各类游戏，不仅可以发展动作技能、语言能力、解决问题的能力，培养想象力和创造力，而且还能度过最快乐的时光。在游戏中，幼儿可以了解个人与环境的关系，舒畅情绪，游戏能促进其情感和社会性的发展。游戏与学习是相辅相成的，甚至是互为一体的。从某种程度上讲，儿童的游戏就是一种隐性学习。另外，游戏也是一种学习的策略和学习的手段。

（二）幼儿学习是在生活和交往中进行的

杜威认为，教育即生活，教育不能脱离生活，更不能与生活隔离开来。现代社会对儿童学习的要求是：不仅要主动学习，还要学会学习，有良好的自学能力，甚至要终身学习。幼儿时期的学习是终身学习的起始阶段，培养幼儿的学习能力和学习习惯是至关重要的。

（三）幼儿学习强调真实经验和主动参与

幼儿是在主动与环境中的各种因素相互作用的过程中学习和发展的。幼儿的课程应该以真实的生活为基础。在幼儿一日生活中，无论是教师指导的活动，还是幼儿的自由活动，都应尽可能地给予幼儿动手操作、直接观察和实践的机会，让他们获得亲身的经历和体会，并能用自己的话说出事情发生的过程，这样的学习对幼儿来说才是有意义的。

（四）幼儿学习需要教学来促进

幼儿园教学是教师和幼儿共同的活动，是教师有目的、有计划地根据教学要求、教学大纲，以丰富的教育内容和活泼、生动的组织形式，引导幼儿积极、主动地参与学习的活动。幼儿园教学活动具有活动性、游戏性、综合性的特点，在教学活动过程中，教师可以最大限度地利用各种因素使幼儿得到全面、和谐的发展。

【思考与练习】

1. 幼儿操作学习的特点是什么？
2. 影响幼儿学习的因素有哪些？
3. 从宏观上来说，幼儿学习活动的实质是什么？

第三章　幼儿认知发展及教育指导

【关键词】

感觉；知觉；记忆；想象；思维

【学习目标】

1. 了解感觉和知觉的基本概念。
2. 理解并掌握幼儿认知的产生与发展。
3. 掌握并能运用培养幼儿认知能力的方法。

【学习重点和难点】

本章主要介绍了幼儿的认知能力的几个方面，通过这些来了解幼儿认知能力的产生与发展，重点在于掌握幼儿认知能力的特点，难点在于对幼儿认知能力的培养并运用到实际教学中。

【内容结构】

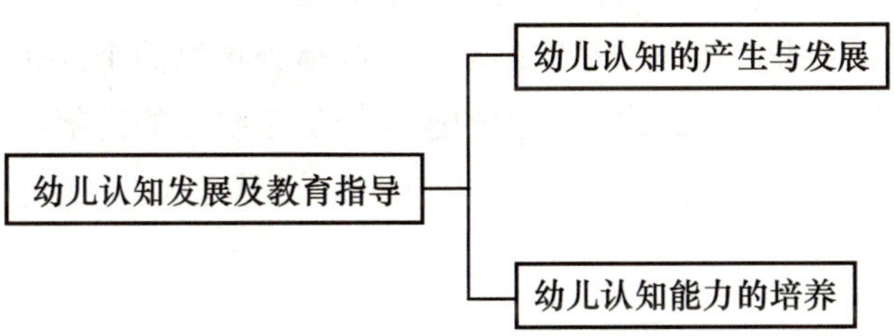

认知是人全部认识过程及其品质的总称，它包括感觉、知觉、记忆、思维、想象等方面，在人的心理活动中占据十分重要的位置。

第一节　幼儿认知的产生与发展

【案例导入】

给幼儿观看两只机器蜗牛，一只爬得快，另一只爬得慢，当快蜗牛停下来的时候，慢蜗牛还在爬，但是最终未能赶上快的蜗牛。让幼儿回答哪一只蜗牛先停下来，大部分幼儿说慢蜗牛先停下来。

思考：

为什么幼儿会说慢蜗牛会先停下呢？

一、感觉的产生与发展

感觉是人脑对直接作用于感觉器官的客观事物的个别属性的反映。每个人都生活在一个丰富多彩的世界里，当我们认识某种事物时，先将事物的颜色、声音、硬度、湿度、气味、味道等个别属性通过感觉器官反映到人脑中，使大脑获得了各种外部信息，从而产生了相应的感觉。如我们面前放了一个苹果，我们是怎样认识它的呢？我们用眼睛看，知道它有红红的颜色，圆圆的形状；用嘴去咬，知道它是甜的；拿在手上掂一掂，知道它有一定的重量。我们的头脑接受、加工了这些属性，进而认识了这些属性，这就是感觉。

感觉主要分为两大类：外部感觉和内部感觉。外部感觉的感受器位于人体的表面或接近表面的地方，主要接受来自体外的适宜刺激，反映体外事物的个别属性，主要有视觉、听觉、嗅觉、味觉、肤觉等。内部感觉的感受器位于肌体的内部，主要接受肌体内部的适宜刺激，反映自身的位置、运动和内脏器官的不同状态，包括运动觉、平衡觉和肌体觉。

（一）视觉

1. 视觉敏锐度

视觉敏锐度是指幼儿分辨细小物体或远距离物体细微部分的能力，也是人们通常所说的视力。在整个幼儿期，幼儿的视觉敏锐度在不断地提高。研究者让幼儿在一定距离看白色背景上画的有缺口的圆圈，测量幼儿刚能看出缺口的距离，结果是，

4～5岁幼儿平均距离为207.5厘米，5～6岁幼儿平均距离为270厘米，6～7岁幼儿平均距离为303厘米。如果以6～7岁幼儿视觉敏锐度的发展程度为100%的话，那么，4～5岁幼儿为70%，5～6岁幼儿为90%。可见，5岁是视觉敏锐度发展的转折期。

因此，我们要注意幼儿期儿童视觉敏锐度的发展，在制作教具、图片时对于年龄小的，文字图画要大些，桌椅要考虑孩子的身高，教室的采光要充足，要充分利于幼儿视觉敏锐度的发展。

2. 颜色视觉

颜色视觉是指区别颜色细致差别的能力，又称为辨色能力。幼儿期，颜色视觉继续发展。幼儿初期，已能初步辨认红、橙、黄、绿、蓝等基本色，但在辨认混合色和近似色时，往往较困难，也难以说出颜色的正确名称。幼儿中期，大多数能认识基本色、近似色，并能说出基本色的名称。幼儿晚期，不仅能认识颜色，还在画图画时，能运用各种颜色调出需要的颜色，并能正确地说出混合色和近似色的名称。

根据丁祖荫、哈永梅于1983年作的幼儿辨色能力的研究，得到以下结果。

（1）幼儿正确辨认颜色的百分率和正确辨认颜色数，均随年龄增长而提高。

（2）幼儿正确辨认颜色的百分率，因年龄不同、颜色不同、辨认方式不同而有差异。

（3）幼儿辨认颜色主要在于能否掌握颜色名称，如果混合色有明确的名称，如淡棕、橘黄，幼儿同样可以掌握。

（4）幼儿辨认颜色之所以发生错误，可能由于辨认颜色能力没有很好发展，也可能由于注意力不集中，不认真仔细区分辨别等。

（5）幼儿对某些颜色，如天蓝、古铜等，不能辨认或不善于辨认，并非完全由于缺乏辨色能力，主要是由于在生活中接触机会少，成人也没有做有意识的指导。

研究者根据实验结果，建议在教育中要注意指导幼儿掌握明确的颜色名称；通过近似色的对比指导幼儿辨色；使幼儿多接触各种颜色，并经常教育幼儿作精确的辨认。

（二）听觉

幼儿通过听觉辨别周围事物，欣赏音乐，学唱歌。特别是通过听觉学说话，学知识，听觉对幼儿来说意义重大。

听觉的发展

1. 听觉感受性

听觉感受性包括听觉的绝对感受性和差别感受性。绝对感受性是指幼儿分辨最小声音的能力。差别感受性是指幼儿分辨不同声音的最小差别的能力。幼儿的听觉感受性有巨大的个别差异。有的幼儿感受性高些，有的则低些，但总的来说，听觉感受性随着年龄的增长而不断完善。

2. 言语听觉

幼儿辨别语音是在言语交际过程中发展和完善起来的。幼儿中期，儿童可以辨别语言的细小差别；到幼儿晚期，儿童基本上能辨别本民族语言所包含的各种语音。教师在幼儿语言教育中，应特别注意幼儿是否听得清楚，要及时发现幼儿在听觉方面的缺陷和重听现象。所谓重听是指幼儿对别人的话听得不清楚、不完全，但他们常常能根据说话者的面部表情、嘴唇动作以及当时说话的情境，猜出说话的内容。这种现象往往不易被人们觉察出来，但它却对幼儿言语听觉、言语及智力的发展具有一定的影响，因此，应当引起人们的重视。

（三）触觉

触觉是肤觉和运动觉的联合，也是幼儿认识世界的主要手段。幼儿触觉的绝对感受性在儿童很小的时候就发展起来了。如对软硬、轻重、粗细等的辨别。触觉的差别感受性是在幼儿期才开始发展起来的。例如，在实验中，要求幼儿不用眼睛看，而是用手去掂量物体的重量，其中四岁幼儿对物体重量的估计错误率大于70%，而七岁幼儿对物体重量的估计错误率只有37%，这说明儿童的触觉得到了迅速发展。但不同年龄阶段儿童运用掂量的方法不同，四岁儿童运用同时比较的掂量法，而七岁儿童则可以采用相继比较的掂量法。

二、知觉的产生与发展

任何客观事物，其个别属性都不是孤立存在的，而是由多种属性有机结合起来构成一个整体。如我们面前有一枝花，我们并不会孤立地反映它的红色、多刺的枝干……而是通过脑的分析与综合活动，从整体上同时反映出它是一朵玫瑰花，这就是知觉。知觉是人脑对直接作用于感觉器官的客观事物的整体的反映，其实质是说明作用于感官的事物“是什么”这个问题的。

大小知觉

根据不同标准，我们可以把知觉进行不同的分类。

根据知觉过程中起主导作用的分析器，可以把知觉分为视知觉、听知觉、嗅知觉、味知觉和肤知觉等。

根据知觉对象不同，可以把知觉分为物体知觉和社会知觉。物体知觉主要是对物的知觉，主要有空间知觉、时间知觉和运动知觉。社会知觉是对人的知觉，主要包括对他人的知觉、自我知觉和人际关系的知觉。

（一）空间知觉

空间知觉是一种比较复杂的知觉，是由视觉、听觉、运动觉等多种分析器联合活动的结果。幼儿空间知觉的发展完善与否不仅有赖于是否有丰富的表象，还有赖于是否掌握了表示空间关系的词。

1. 方位知觉

方位知觉是指对物体所处的空间位置的知觉，如对上、下、前、后、左、右、东、西、南、北、中的知觉。幼儿的方位知觉发展的顺序是上、下、前、后、左、右。三岁能辨别上、下，四岁开始能辨别前、后方位，五岁开始学习以自身为中心辨别左、右方位，六岁能完全正确地辨别上、下、前、后四个方位，但是以自身为中心的左、右辨别尚未发展完善。

2. 形状知觉

形状知觉是对物体几何形体的知觉。它依靠运动觉和视觉的协同活动。实验表明，三岁儿童基本能根据范样找出相同的几何图形，五到七岁儿童的正确率比三到四岁儿童高。对幼儿来说，对不同几何图形的辨别难度有所不同，由易到难的顺序是：圆形、正方形、三角形、长方形、半圆形、梯形、菱形。幼儿初期，能正确掌握圆形、正方形、三角形、长方形。幼儿中期，能正确掌握圆形、正方形、三角形、长方形、半圆形、梯形。幼儿晚期，能正确掌握圆形、正方形、三角形、长方形、半圆形、梯形；在教师指导下，幼儿能适当辨认菱形、平行四边形和椭圆形。

为了更好地促进幼儿形状知觉的发展，教师在教学中，一方面要使幼儿掌握关于几何图形的词语，另一方面要让幼儿在看与摸的结合中学习几何形体。

3. 距离知觉

距离知觉是辨别物体远近的知觉。幼儿能分清所熟悉的物体或场所的远近。对于比较广阔的空间距离，幼儿还不能正确认识。幼儿常常不懂得透视原理，不懂得近物大远物小、近物清晰远物模糊的原理，所以在他们的绘画作品中，经常不能把实物的距离、位置、大小等空间特性正确表现出来，不能判断作品中人物的远近位置，如把图画中远处的树称为大树，把近处的树称为小树。

（二）时间知觉

时间知觉是对客观现象的延续性、顺序性和速度的反映。由于时间比空间更为抽象，为了正确地感知它，必须借助于中介物，如天体的运行、人体的节律或专门的计时工具。

幼儿前期，主要以人体内部的生理状态来反映时间，如生物钟即以生物节律周期来反映时间，到点就感到饿，想要吃。幼儿期逐渐能够以外界事物作为时间的标尺。

幼儿初期，已经有一些初步的时间概念，但往往与他们具体的生活活动相联系，比如早晨就是起床的时间，上幼儿园的时候；下午就是妈妈接我回家的时候；晚上就是睡觉的时候。有时也会用一些表示相对性的时间概念，如昨天、明天，但经常会用错。如“妈妈明天已经领我去奶奶家了”。一般来说，他们只懂得现在，不理解过去和将来。

幼儿中期，可以正确理解昨天、今天、明天，也会运用早晨、晚上等词，但对于较远的时间，如前天、后天便不很理解。如一个四岁半的幼儿问妈妈：“我什么时候过生日？”妈妈说：“后天。”孩子问：“后天是什么时候？”妈妈说：“再睡两次觉。”孩子在闭了两次眼睛后问妈妈：“到我生日了吧？”

幼儿晚期，可以辨别昨天、今天、明天等一些时间概念，也开始能辨别大前天、前天、后天、大后天，也能分清上午、下午，知道星期几，知道四季，但对于更短的或更远的时间观念就很难分清，如从前、马上等。

幼儿的时间知觉在教育过程中得到发展。有规律的幼儿园生活能帮助幼儿建立时间概念，音乐和体育活动使幼儿掌握有节奏和有节律的动作，观察有时间联系的图片，如蝌蚪变青蛙等有助于幼儿时间观念的形成，通过讲故事，可以使幼儿掌握从前、古时候、后来、很久很久等有关时间的词汇。

三、记忆的产生与发展

记忆是在感知的基础上产生的，同时又促进感知的发展，为更复杂的想象、思维等认知过程的发展奠定基础。

记忆是对感知到的信息的识记、保持和恢复的心理过程，它出现得很早，胎儿期即已出现记忆，主要是对声音的听觉记忆。出生几天的新生儿已经能够分辨眼前的事物是新出现的还是以前看过的，他们对多次出现的同一图形不感兴趣，如果换成一个新图形，就会立刻加以注视。1 个月的婴儿已经能够对母亲的喂奶姿势形成条件反射，当母亲用喂奶时的姿势抱着他时，他立刻做出吸吮的动作，也就是说，他知道这种姿势意味着妈妈要给他喂奶了。

记忆的发展表现在识记、保存、提取信息三个方面。识记信息方面主要表现为对信息记得快慢和多少，保存信息方面主要表现为对信息保存时间的长短和保持量的变化，提取信息方面主要表现为在需要的时候能不能又快又准地将信息重现出来。总的来说，人的记忆力随着年龄的增长、经验的增加而不断增强，青少年期才达到较高水平，因此，幼儿期人的记忆力总体水平并不高，呈现出如下特点。

（一）从识记速度看，记得快，但是忘得也快

幼儿很容易记住一些简单的、朗朗上口的儿歌、故事，即使是难懂的古文或古诗词，只要重复的次数足够多，他们也能记住。这种识记的本领令成人望尘莫及，但遗憾的是他们记得快，忘得也快，已经记住的东西如果长时间不回忆，就忘掉一大半。所以家长和老师们经常发现，在幼儿园孩子们背得滚瓜烂熟的《弟子规》《三字经》，上了小学后全都忘了。

幼儿记忆的这个特点与他们神经系统的发育有关。幼儿期正是神经系统快速发育

的时期，具有很大的可塑性，新异的刺激容易给他们留下深刻印象，从而在大脑皮层留下记忆痕迹，因此，幼儿表现出记得快的特点。但也正是因为神经系统发育快的原因，先前的记忆痕迹容易被后来的记忆痕迹覆盖，所以以前记得非常清楚的东西，过几年就被忘得干干净净。

（二）从保存质量看，信息易发生丢失和变异

幼儿记忆的准确性较差，信息储存在头脑中以后，容易发生丢失和变异。比如给小班的孩子讲《小蝌蚪找妈妈》的故事后，让幼儿复述故事的内容，大多数孩子只能说出："小蝌蚪找妈妈，找啊找，找到了鸭妈妈，说，妈妈，妈妈。他们找啊找，找到了大金鱼，说妈妈，妈妈……"可以看出，低龄幼儿对故事的主要情节能够记住一些，但仍然不完整，甚至丢失一些非常重要的内容，但对故事中他们感兴趣的、重复性的内容能够记住，比如故事中的"找啊找""小蝌蚪喊妈妈、妈妈"，完全不顾故事的逻辑性，甚至在原来故事的基础上添枝加叶改造一番，东一句西一句瞎编。

幼儿记忆的这种不准确性，会随着儿童年龄的增长、知识经验的增加而逐渐改善。一方面是由于儿童对所记内容的理解更为深刻，比如能掌握《小蝌蚪找妈妈》故事中小蝌蚪为什么找、怎么找、找到了哪些妈妈等这个过程的先后顺序，然后能把里边各个妈妈的出场顺序跟前一个妈妈说的话联系起来，这样就能很好地把故事连贯起来。虽然细节性的东西可能还会遗忘，但主要情节和故事内容不会偏离。另一方面，随着儿童大脑储存的信息越来越多，它会自觉地将相关信息分门别类地储存在大脑中，因此，不再容易出现想象和记忆的内容混淆的现象。

（三）从记忆内容看，以形象记忆为主

记忆的内容是指记忆材料的形式和性质，如果材料是直观形象的，则为形象记忆；如果材料是语言文字等抽象的，则为语词记忆。形象记忆又包括狭义的形象记忆、运动记忆、情绪记忆。

狭义的形象记忆是以感知过的事物形象为内容的记忆，通常以表象形式存在，所以又称"表象记忆"，它是直接对客观事物的形状、大小、体积、颜色、声音、气味、滋味、软硬、温冷等具体形象和外貌的记忆，直观形象性是其显著特点。形象记忆可分为视觉的、听觉的、触觉的、味觉的和嗅觉的等。当我们想起一个人的时候，能想起他长什么样子，穿着什么颜色的衣服等，这就属于视觉形象记忆；当我们想起一首曲子的时候，仿佛耳边回响起它的旋律，这就是听觉形象记忆；人对某种气味、某种味道的食品的记忆则属于嗅觉和味觉形象记忆。

由于在幼儿阶段，儿童是以感知觉作为主要的认识世界的方式，因此输入大脑的大量信息是以直观形象的感知印象为主的，所以幼儿的记忆主要是形象记忆。有研究发现，年龄越小的幼儿形象记忆越好，3～4 岁的孩子形象记忆的效果超出语词记忆效果的两倍。

运动记忆和情绪记忆也属于广义的形象记忆。儿童学会的某种技能动作，比如骑自行车、弹琴等，属于运动记忆；儿童对以前体验过的某种情绪的记忆，比如亲人去世，或者受到惊吓，当时那种难过、绝望、恐惧的情绪也会给他们留下终生难忘的印象，这就是情绪记忆。由于运动记忆和情绪记忆也有非常直观形象的特点，因而也属于形象记忆。

随着儿童年龄的增长，记忆内容的性质会逐渐发生变化，尤其是上小学后，语言知识性的学习内容大大增加，儿童的记忆逐渐转向以语词符号为主的抽象记忆。

（四）从记忆的目的性看，以无意记忆为主

依据识记的有无目的，可以将记忆分为有意记忆和无意记忆。有意记忆是预先有目的的记忆，无意记忆是预先没有目的的记忆。比如孩子走在街上看到一个人染着鲜艳的红头发，回家后对妈妈说“我看到一个染着红头发的人”，然后详细描述这个人长的样子，穿什么衣服等，这就属于典型的无意记忆。

有研究认为，幼儿无意记忆的效果优于有意记忆。有这样一项研究：将幼儿分为两组，都给他们呈现 15 张图画卡片。第一组中要求儿童按照图片上所画的物品的性质，将它们分别放在桌子上的适当位置，放完后要求儿童回忆图片内容，这考查的是幼儿无意记忆的效果；第二组中直接要求儿童识记这 15 张图片的内容，之后测试他们记忆的效果，这考查的是儿童的有意识记。结果发现，第一组幼儿对图片的回忆效果优于第二组，这表明幼儿无意识记的效果优于有意识记。同样的实验让小学生、中学生来做，则出现相反的结果，即有意识记的效果优于无意识记。这说明，随着年龄的增长，儿童有意记忆的效果越来越好。

3 岁以前的幼儿以无意记忆为主，3 岁以后的幼儿在成人的引导下，有意记忆逐渐发展，开始是有意回忆或再现，以后才慢慢出现有意识记。比如妈妈让孩子把几句话告诉爸爸，孩子就得把这些话记住以后再转达；孩子想要什么东西，妈妈说过一会儿到商店再买，等到了商店，妈妈问孩子想买什么，孩子就需要有意地回忆出来。但是在幼儿阶段，尤其是低龄幼儿，做事的随意性很强，自己很难有目的地做什么事，往往都是在大人要求下，或者被事物的外在特征吸引而做事，因此，无意记忆要超出有意记忆，毕竟有意记忆是需要孩子事先就想好记什么、怎么记，大多数幼儿还做不到这一点。

（五）从记忆方法看，以机械记忆为主，不会使用记忆策略

记忆策略是记忆时采用的一些有助于完成记忆任务、提高记忆效率的方法或措施。

3 岁以前的儿童由于以无意记忆为主，不可能有意使用一些方法来帮助记忆。3 岁以后，儿童的有意记忆开始发展，但是在记忆策略的使用上，仍然处于比较低级的水平，基本上是使用死记硬背的办法来记忆，这种对实际材料不理解，单纯用重复的办法来记忆的方法，就称为机械记忆。

儿童之所以主要采用机械记忆的办法，是由于他们的知识经验贫乏，理解能力较差，缺少能够理解新知识的旧经验，同时不善于发现新知识中的内在联系，所以只能孤立地、机械地进行识记，当然，他们记忆的效果还是比较好的。比如特别难懂的古文，成人因为难以理解而不易记住，而只要教孩子背一段时间，他们就可以朗朗上口，但是问某一句话的意思，他们一点儿也不懂。

四、幼儿想象的产生与发展

想象是人对头脑中已有的表象进行加工改造形成新形象的过程。由于想象的前提是头脑中已经具备了一些表象，所以人的想象能力不像感知、记忆那样生下来就有，而是在感知和记忆发展到一定水平后才出现的。

现代研究认为，幼儿在 1 岁之内是没有想象的，1 ～ 2 岁出现想象的萌芽，2 ～ 3 岁想象有所发展，但还处在初级阶段；3 岁以后，幼儿的想象还没有预定目的，没有主题，常在外界刺激下不自觉地产生，以想象过程为满足，有意性和创造性的想象初步发展。

幼儿的想象具有什么特点呢？

（一）从无意想象向有意想象发展，但仍以无意想象为主

无意想象是没有预定目的，在某种刺激的影响下不由自主地进行想象的过程。比如幼儿晚上听到风吹树叶的唰唰声，想象外面有个怪兽拍打着翅膀飞过来，这就是无意想象。

有意想象是有预定目的、自觉地进行的想象。比如老师让孩子们根据自己的想象画一幅水上游乐场的画，孩子们会根据自己玩过的水上游乐场的记忆，再加上一些想象中的游乐设施或人物来完成作品，这就是有意想象。

幼儿的想象以无意想象为主，随着年龄的增大和知识经验的增加，有意想象逐渐增多，到中、大班的时候开始出现有意想象，但无意想象仍占主体。

小班幼儿很难进行有意想象，即使老师给他提出要求，他也会偏离主题，随心所欲地去想。比如老师让幼儿画一棵小树，幼儿画着画着，就可能画成了石头、云朵、小狗。看到别人干什么，自己也跟着去干，看到小汽车就假想自己变成了司机，看到布娃娃就假想自己当了妈妈，喂布娃娃吃饭。如果你仔细听两个小朋友对话或讲故事，就一定会被他们联想能力之丰富、发散能力之强震撼，东一句西一句，没有任何逻辑联系，但是说话的孩子很开心，听的孩子也很高兴。

中班的幼儿有意想象开始萌芽，比如他想画一辆小汽车，画好后又给汽车配上了司机，用小圈表示司机的头部。但是圆圈画大了，超出了车窗，于是他就说：“这是一个气球，汽车拉着好多气球。”然后画了很多很多圈圈在汽车的里面，外面也画了一些圈圈表示气球飞出去了。在这个过程中，有有意想象，也有无意想象，但是无意想象的成分更大一些。

大班幼儿已经能够按照老师的要求进行带有一定目的的想象了，在想象的过程中还可以添加一些自己的想法，但总体上不会过分地偏离主题。比如画一幅秋天的画，他们会画上落叶、大雁，还会根据自己的想象添加雨滴、河水等，虽然用成人的眼光来看，似乎很牵强，但他们自己认为这就是秋天的景物。

幼儿的角色扮演游戏中也体现出了他们想象的发展特点。小班的幼儿在角色扮演类的游戏中往往是想到哪儿就说到哪儿，比如本来想表演小红帽提着篮子看外婆，走着走着又变成了小兔子挖萝卜了，随意联想较多；中班幼儿基本能够遵循预先设定的故事情节表演，比如小红帽走到外婆家看见了大灰狼，被大灰狼吃掉了，但是小红帽的帽子掉了，她又跑来追帽子，想象的逻辑性较差；大班幼儿在这类游戏中基本能根据主题、情节和规则来扮演各自的角色，但是创造性比较差。

由此可见，幼儿想象能力的培养要依据其年龄特征，有意识地加以引导和训练。有意想象是很多创造活动的基础，如果能在早期加以培养，对孩子未来的学习和创造力的发展非常有益。

（二）从再造想象向创造想象发展，以再造想象为主

再造想象是根据一定的语言描述、图形、符号等，在头脑中形成某种事物形象的过程。比如读到这样的描述“小姑娘个子高高的，扎着马尾辫，脸蛋像红苹果一样，笑起来眼睛就像两个弯弯的月牙”，你的眼前浮现出一个可爱的小姑娘的样子，这就是再造想象。

创造想象是根据自己的想法独立创造新形象的过程。比如让孩子画一个他想象中的外星人，孩子没有可参考的依据，完全凭借自己的想象来画，这就是创造想象。

由于创造想象的难度大，因此，幼儿的想象以再造想象为主，创造想象较少。

幼儿的很多游戏活动都是依据再造想象进行的，比如几个小朋友在一起玩过家家，你当爸爸，我当妈妈，他当宝宝，爸爸看报纸，妈妈做饭，宝宝玩布娃娃等，都是在幼儿实际经验的基础上略加改变而成，以模仿、再现为主，没有多少独创性的成分。

研究者认为，2～3岁是想象发展的最初阶段，这一时期幼儿的想象依赖于成人的语言提示和感知动作的辅助；3～4岁时想象迅速发展，这时以再造想象为主，在幼儿的绘画、音乐、游戏等活动中都出现了再造想象的成分；4～5岁幼儿在再造想象过程中，逐渐开始独立地而不是根据成人的语言描述去进行想象，想象的内容已有独立创造的萌芽；5～6岁幼儿的创造想象已经有相当明显的表现，想象内容开始有了较多的新颖性。

（三）想象脱离现实，或者与现实混淆

儿童的想象往往天马行空，完全脱离现实。比如给别人描述他家的狗长得很大，会说：“我家的狗比大老虎还大！”描述自己爸爸力气大，会说：“我爸爸是大力士，能把汽车抱起来。”这样的说法，在成人看来实在是过于荒唐夸张，但儿童却非常认真，

在他看来，这样的说法是真实的。这也就是为什么儿童喜欢看童话的原因，在儿童看来，童话中会说话的乌鸦，肚子里能装下一条大船的鲸鱼，都是在现实生活中可能存在的。动画片《葫芦娃》里会喷火、喷水、隐身的葫芦娃们，在孩子看来都是超级英雄，他们不但深深地沉迷在故事里，而且幻想自己也能有葫芦娃那样的本领。当儿童长大到开始用现实性来衡量故事里的人物和情节时，就长成了大人。

儿童想象的夸张性在绘画中表现得更为明显，在他们的画里，人可以像鸟一样在天上飞，可以像鱼儿一样在水里游，天上可以有很多个太阳，可以有绿色的云彩、蓝色的树木。所以我们在看儿童画时，往往会被他们大胆的创意和色彩的运用震撼，他们从不拘泥于实际，而是随心所欲地超越现实。因而一些前卫的画家，经常从儿童画中吸取创意。

儿童想象的夸张性是由于他们对事物的认识还停留在感性认识的阶段，没有通过思考来认清事物的本质，不能对想象的事物的现实性进行评价，因此，他们的想象是荒诞不羁的，而成人的想象则受到现实性的制约，一般都是在现实事物的基础上夸张其中的一部分，所以本质特征同现实是吻合的。所以我们看成人写的幻想小说，还有现代派的绘画，往往都可以找到现实的影子。

儿童的想象，一方面脱离现实，另一方面又容易同现实混淆。比如玩过家家的时候儿童拿碎纸片放在碟子里假装是炒菜，过一会儿就真的把碎纸片放嘴里吃了。

五、幼儿思维的产生与发展

学前儿童思维的类型

思维是人脑对客观现实间接的、概括的反映。与感知觉相比，它最典型的特点在于间接性和概括性，来源于客观现实，同时高于客观现实。思维是高级的认识活动，是智力的核心，个体通过分析、综合、比较、概括等思维活动，发现事物的本质特征。思维往往表现在解决问题的过程中，从一个人解决问题的能力可以判断出其思维水平。人类之所以能够超越其他动物成为万物之灵，正是由于其非凡的思维能力。在儿童的成长过程中，随着其思维的发展，认知结构会发生巨大的变化，以思维为核心，相关的心理过程在一个更高的水平上加以整合，构成其独具特色的个性特征。

学前儿童的思维从萌芽到发展，会经历一个较长的过程，其特点如下。

(一) 从直觉行动思维发展到具体形象思维

1. 直觉行动思维

1 岁以前的婴儿没有思维，他们对事物的认识仅仅停留在感知和表象的水平上。1 岁以后的儿童感知和记忆能力明显提高，运动能力明显增强，儿童的好奇心和探索的范围逐步扩大，这时他开始用一些力所能及的方法来解决问题。比如著名的“拉被单实验”：实验者把玩具放到被单上，由于玩具距离婴儿较远，他试图直接去拿，但够不着。在多次的尝试过程中，婴儿偶尔拉动了被单，玩具被拉近了一点，婴儿发现了这个现象，于是用力将被单拉向自己，直到伸手够到玩具。这虽然是一个非常简单的方法，但对婴儿来说是非常了不起的进步，因为在这个过程中，婴儿发现了自己的动作和被单与玩具之间的关系。由于这个解决问题的方法是在婴儿操作事物的动作中显示出来的，因此被视为直觉行动思维。

直觉行动思维是婴儿思维的萌芽，主要指婴儿依靠感知和动作来认识世界，在行动中解决问题，如果脱离开实际的物体和行动，思维就会停止。直觉行动思维出现在1～2岁，在心理学家皮亚杰的理论中，这个年龄段的儿童处于感知运动阶段。随着儿童记忆和语言能力的发展，他的思维方式也逐渐开始变化，直接动作逐渐减少。皮亚杰曾经做过这样一个实验：把一个项链放在一个小盒子里，盒子的口开一条缝，婴儿能够看到盒子里有东西。把盒子递给婴儿，他马上拿在手里晃来晃去，发现了盒子里的项链，把盒子翻来覆去想打开，最后用小手指伸进缝里去拿，但是仍然拿不到。后来婴儿完全停止了动作，眼睛看着盒子，嘴巴一张一合，重复几次后突然用手拉开了盒子的口，取出了项链。皮亚杰认为，婴儿嘴巴一张一合的动作，实际上是在头脑中模拟盒子张开的情形。这说明，婴儿已经开始学习尝试使用头脑中的表象来解决问题，即将进入使用具体形象思维的阶段。

2. 具体形象思维

具体形象思维是2～7岁儿童使用的主要思维方式，这种思维方式可以使儿童逐步脱离实物，在头脑中使用表象来解决问题。比如问3岁的儿童这样的问题：“妈妈给了你1块糖，爸爸给了你2块糖，现在你有几块糖？”他会用掰手指头的办法算出有3块。手指起着象征的作用，成为解决问题的中介。他还可以在头脑中“掰手指”来解决问题，如果仔细观察，他虽然没有明显的掰手指的动作，但手指也在微微地动，表现出头脑中的思考过程。

由于表象具有一定的直观性，因此，这个阶段的儿童思维仍然会受到事物表面特征的影响，而不能把事物的各种特征综合起来考虑。因此，这个阶段的儿童还没有形成守恒的概念，只要事物的外在特征变化了，他就认为事物本身也发生了变化。

（二）抽象逻辑思维开始萌芽

抽象逻辑思维是指以语言为中介，根据事物本身的逻辑关系来进行的思维。

抽象逻辑思维是人类特有的思维方式。严格地说，学前儿童还没有抽象逻辑思维的能力，但是在学前晚期，儿童开始出现这种思维的萌芽。

随着儿童认识表象能力的进一步发展，思维水平进一步提高，儿童会逐渐将事物的局部特征综合起来进行分析，当儿童能够在头脑中将事物的个别特征进行综合分析，发现表面现象后的本质时，就表示儿童抽象逻辑思维的萌芽。

六、幼儿注意的产生和发展

注意是心理活动对一定对象的指向和集中。严格地说，注意不是一种心理过程，而是伴随其他心理过程的一种心理状态，但这种状态构成了心理活动的动力特征，主要表现为使某种心理活动集中到某个或某些特定的对象上，同时排除来自机体内部和外部的各种干扰，使心理活动的效率大大提高。

在每一种认知活动中，都伴随着注意，比如注意看、注意听、注意记、注意思考等。假如没有注意，这些认知活动很难维持。所以一些孩子学习不好，往往不是智力的问题，而是注意力存在问题，从而导致学习效率很低。假如能提高他的注意力，学习状况马上就会改善。

注意分为两种：无意注意和有意注意。无意注意是没有目的的，也不需要意志努力的注意，比如正上课时听到窗外传来一声巨响就马上朝外看，走在街上看到色彩亮丽的电子广告屏就停下看一会儿，这都属于无意注意。一般情况下，无意注意的产生受到刺激本身的特征和个体兴趣、状态等的影响，比如“万绿丛中一点红”，这点红就很容易被人注意到；夜晚的天空闪烁着无数的星星，一颗流星突然划过，马上就会吸引大家的注意。当然，同样的刺激，对有的人来说会引起他的无意注意，对有的人来说就不会，比如在嘈杂的教室里，大家都在互相交谈，突然有人提到了你的名字，你马上就会注意到，名字对你来说很重要，所以容易引起你的无意注意，而其他人对此毫不关注，不会引起他们的注意。在琳琅满目的超市，孩子们一下子就能看到他们喜欢的玩具或糖果，而妈妈可能根本注意不到。

有意注意是有目的的，也需要意志努力的注意。比如听课，如果课程本身没有吸引力，但还必须听，就得想方设法集中注意力，这种注意就属于有意注意。学校中的很多课程都属于需要孩子们通过有意注意来学习的。

还有一种注意介于有意注意和无意注意之间，称为有意后注意，它是一种有目的，但不需要意志努力的注意。比如看一部比较难懂的书，刚开始可能是需要耐着性子来集中注意力去看的，这属于有意注意；看着看着，慢慢地被书中的内容吸引，就会自觉自愿地去看，这就属于有意后注意。有意后注意是在有意注意之后产生的。

幼儿的注意力发展具有以下特点。

（一）无意注意占优势

儿童从生下来开始就具有无条件反射能力，听到巨响会出现惊跳反应，看到刺眼的光亮会闭眼，嘴唇碰到奶头会吮吸等，这些能力都是生来就有的。这种对刺激的无条件反射行为是无意注意的基础，或者认为这就是最早的无意注意行为。

出生 2～3 周后，婴儿能够追随视线中移动的物体。当婴儿躺在床上的时候，在他的眼前从左向右平移一个色彩鲜艳的物体如气球，婴儿会用眼睛追视这个气球，直到这个气球离开他的视线，这种追视就属于无意注意。

随着婴儿的成长，他的神经系统迅速发育，无意注意能力也在不断提高，表现为注意时间延长，注意范围扩大。研究发现，对有兴趣的事物，1 岁半儿童能集中注意 5 ～ 8 分钟，2 岁则达到 10 ～ 12 分钟，2 岁半能达到 10 ～ 20 分钟。我们在生活中也会发现，2 岁左右的孩子看动画片时注意力很集中，一集动画片的时间一般为 15 ～ 20 分钟，说明孩子对这些感兴趣的事物能保持较长的注意时间。另外，随着儿童兴趣范围的扩大，能够吸引他的事物也越来越多，除了食物和玩具外，还有其他很多东西也开始能够吸引他的注意，比如电视、画报、音乐等。

小班幼儿的无意注意已经相当发达，凡是新异、鲜明、生动、直观、形象、活动、多变的事物，以及与他们经验有关、符合他们兴趣的事物，都能够引起他们的无意注意。绝大部分针对年龄较小的幼儿设计、制作的动画片，完全满足以上特点，比如《花园宝宝》《天线宝宝》，还有《小小智慧树》等节目，都是深受小班幼儿喜爱的。

中班幼儿的注意范围与小班幼儿比明显扩大，注意时间也明显延长，尤其是看电视、玩游戏的时候，30 分钟都可以坚持下来。当他们全神贯注地做一件事情时，对周围其他人或事可以做到置若罔闻。

大班幼儿的无意注意进一步发展，在做感兴趣的事情时，比如看动画片、玩电子游戏、画画、搭积木等，可以达到 1 小时左右，如果别人打断他们的活动，他们会非常生气。能够长时间地专注地做一件事情，说明幼儿的神经系统活动能力有了明显提高。

总的来说，从 0 ～ 6 岁，幼儿的无意注意占优势，无意注意水平随年龄的增长逐渐提高，幼教工作者和家长应该以此为依据合理安排幼儿的教育、教学活动。

（二）有意注意开始发展

有意注意是人积极主动地将自己的心理活动集中到某种活动中去，它体现了人对自己心理活动的调节和控制。一个不喜欢英语课的学生，强迫自己把注意力集中到听课上，这就属于有意注意。

在婴儿期和先学前期，随着儿童活动能力及言语理解能力的发展，成人开始要求他们做一些力所能及的事，比如帮大人拿个东西。在完成这些任务的过程中，孩子必须记住他要做什么事，这就是有意注意的萌芽。

有意注意是由脑的高级部位尤其是额叶控制的。在人的大脑皮层发育过程中，额叶是发展最晚的，在幼儿期额叶已经有了一定的发展，这就为有意注意的发展提供了生理基础。另外，幼儿园有规律的生活以及教师的教育，也促进了幼儿有意注意的发展。

小班幼儿有意注意的水平很低，一般只能集中 3 ～ 5 分钟，中班幼儿的有意注意能维持 10 分钟，大班幼儿可达到 15 分钟左右。

研究者发现，幼儿有意注意的形成大致经历了如下三个阶段。

第一阶段，儿童的注意由成人的言语指令引起和调节。成人和婴儿在一起的时候，常常会自觉不自觉地用言语引导他的注意，比如带孩子出去，会指着路边的花说：“看，宝宝，这是花。”或者说：“看，汽车，大汽车。”一边说，一边用手指，借此引起孩子的注意。由于这种注意是由成人引起的，带有一定的目的性，因此，可以看作是有意注意产生的基础。

第二阶段，儿童通过自言自语控制和调节自己的行为。2 岁以后的儿童语言能力有了较大的发展，常常一边做事一边自言自语，比如：我要画朵花……这是叶子……这个是蝴蝶……这时，儿童已经能逐渐通过自己的语言来将注意力集中到某个行为上，显示出了有意注意的萌芽。

第三阶段，儿童运用内部言语指令控制和调节自己的行为。外部言语发展到一定程度后儿童会出现内部言语，儿童学会使用内部言语调控自己的行为，使注意力集中到正在进行的活动上，这就属于典型的有意注意了。

由于有意注意需要事先确定行动目标，需要用意志来克服干扰，集中精力，因此，对自控能力较低的幼儿来说，有意注意的总体水平不高，即使到幼儿晚期，有意注意水平与成人相比仍然存在很大差距。

第二节　幼儿认知能力的培养

【案例导入】

小红看到苹果说苹果是圆的，是红的，尝起来是甜的。但是老师却说这就是一个苹果。

思考：

小红和老师为什么会对一个相同的苹果做出不一样的判断呢？

一、培养幼儿的感知能力

（一）为幼儿提供充分的感知机会和条件

感知觉是个体身上出现最早和成熟最早的心理现象，虽然它较为简单，属于低级心理现象，但它是高级心理特征产生和发展的前提与基础，所以不能忽视对儿童感知能力的培养。

个体的感知觉是在认识周围世界的过程中发展起来的。新生儿在醒着的时间里，会睁着眼睛四处看。当他们能够转头、坐起、爬行和到处走的时候，视野逐渐扩大，能看到的东西也越来越多，这些实际的视觉体验对他们视觉的发展起到了很好的促进作用。0～6岁不但是儿童视觉发展的关键期，而且也是听觉、嗅觉、味觉、触觉等发展最为迅速的阶段，因此父母一定要注意给孩子多提供一些机会来发展孩子的感知能力。

1. 给孩子提供丰富多彩的感知刺激

为了发展孩子对色彩和图形的感知，家长和老师可以在孩子生活的环境中多摆放一些色彩鲜艳、形状丰富的玩具，比如气球、积木等。孩子常用的生活用品在确保安全卫生的前提下也尽量色彩鲜艳一些，比如孩子用的水杯、穿的衣服等。如果孩子还很小，就在他躺的小床上部悬挂一些不同形状和色彩的玩具，在墙上贴一些鲜艳的、简单的图画，抱着孩子的时候可以指给他看。带着孩子出去的时候让他看不同颜色、不同形状的景物，这些都能够给孩子提供丰富的视觉刺激，促进他视觉能力的发展。

为了促进孩子听觉的发展，可以经常跟孩子说话或给他朗读诗歌，让他听自然界各种各样的声音，比如摇铃声、汽笛声、小猫小狗的叫声等，还可以给孩子听各种各样优美的音乐，比如交响乐、民族乐、戏曲、歌曲等，使幼儿的听觉得到充分的发展。

为了促进孩子嗅觉、味觉和皮肤觉的发展，可以在日常生活中有意识地给孩子闻一些不同的味道，大人吃饭的时候也给孩子尝尝不同饭菜的滋味，让孩子用小手亲自触摸不同质地的物体，感受软硬、粗细、大小、冷热、光滑或毛糙等带给人的不同感觉。

2. 对孩子的感知能力进行训练

经过特殊训练的儿童其感知能力会发展得更快更好。比如训练孩子的追视能力，妈妈可以拿着一个颜色鲜艳的红色皮球，在宝宝眼睛周围慢慢移动，速度由慢到快，范围由小到大，还可以按照一定的方向移动，例如从左到右，从右到左，从下到上，从上到下，从左下到右上，从右下到左上等，尽可能地围绕宝宝眼睛周围进行各个方向的移物训练。经过这样的训练，宝宝的眼球活动就会变得更加灵活和敏感。

当孩子大一些的时候，可以在孩子眼前不同位置摆放或悬挂一些鲜艳的玩具让他抓，锻炼他的手眼协调能力；带孩子去运动场看看，不管是人的跑动，还是球的运动，都能够增强孩子视觉范围的训练和感受，促进其大脑视觉皮层的发展。

听觉和其他感觉也可以采取同样的训练方式，比如在孩子周围的不同位置摇铃，看看孩子能不能准确地将头或眼睛转向声音发出的位置，用玩具木琴敲出不同的音调让孩子辨别，让孩子模仿不同动物的叫声，让孩子唱歌等，都可以使孩子的听觉更为敏锐。

当孩子语言能力开始发展后，可以使用语言来发展孩子的感觉，比如有意识地问孩子这是什么颜色，这是什么声音，这是什么味道等，让孩子用语言描述。语言描述，可以使孩子对某种感觉有更深刻的体验，同时能够将不同的感觉从心理上有意识地加以区分，使其感觉更为敏锐。

（二）培养幼儿的观察力

观察是一种有目的、有计划、比较持久的感知客观事物的心理过程。尽管观察以感知为基础，但其中也包括了注意、记忆、分析与辨别、意志和情绪等多种心理过程，受到个体经验、情绪、能力等多种因素的影响，所以对同一事物进行观察，不同人的观察结果往往不同。观察力是个体认识世界、获取知识、提升智能的重要途径。如何培养幼儿的观察力呢？

1. 激发幼儿的观察兴趣

每个幼儿都具有强烈的好奇心，在他们的眼中，成人司空见惯的事物都是非常有意思的、新鲜的。培养幼儿的观察力可以充分利用幼儿的好奇心，当他们对事物产生强烈的兴趣时，就会积极地去观察。

幼儿的观察力有以下特点。

（1）幼儿喜欢观察活的、运动的物体，不喜欢观察静止的物体。

（2）幼儿喜欢观察颜色鲜艳的东西，不喜欢观察颜色单调的、灰暗的东西。

（3）幼儿喜欢看大而清晰的图像，不喜欢看小而模糊的图像。

（4）幼儿喜欢看新奇的、没见过的东西。

根据幼儿观察力的以上特点，教师和家长要给幼儿提供恰当的、符合其兴趣的观察对象，比如引导幼儿观察小动物，观察美丽的风景和图片等。越新鲜有趣的事物，越容易引起幼儿的观察兴趣。

对幼儿观察兴趣的培养还取决于教师和家长的引导与激发。比如让孩子画一片树叶，孩子们都会根据自己的记忆画出来，然后老师拿出一些不同形状、不同颜色、不同大小的树叶让幼儿仔细观察，再根据观察的结果重新画，老师则根据孩子们画的结果引导孩子仔细观察树叶的细节，比如叶脉、锯齿形的边缘、表面的绒毛和斑纹等，在观察的过程中孩子们会发现越来越多以前没注意到的细节特征，兴趣就被激发出来了。

对幼儿观察兴趣的培养要与生活结合起来，随时随地进行。比如带孩子去公园的时候让孩子观察路边的花、树上的鸟、水里的鱼、天上的白云，感受微风吹过脸庞的舒适、脚下地毯似的草坪，听听悦耳的鸟鸣、淙淙的流水声，让孩子感受大自然的美，发现大自然的奥秘。在家里可以让孩子观察蔬菜、水果，在幼儿园可以让孩子观察玩具、教具、家具和室外的建筑及游乐设施等。总之，生活中的一切都可以成为幼儿的观察对象，只要教师和家长引导得法，孩子的观察兴趣就会越来越浓厚。

现在有一些幼儿园专门建立了观察角或观察区，给幼儿提供丰富的观察材料，比如小动物、植物及各种颜色、形状和质地的物品和图画等。每天带幼儿到观察区，让孩子亲自看一看、摸一摸、闻一闻、听一听、尝一尝，让孩子全面地感知事物的特征，对培养幼儿的观察兴趣很有好处。

2. 给幼儿提出明确的观察目标

观察的目的越明确，观察的效果就越好。比如家长带孩子出去玩，出发前明确告诉孩子要看看马路上的小汽车有什么样子的，孩子就会仔细分辨汽车的颜色、外形、品牌等。老师带孩子们到花园去，提前告诉孩子们要观察花园里小草的叶子都有哪些形状，每种摘一片回来，孩子们就会认真地把小草作为观察的对象。

由于幼儿的兴趣广泛但难以持久，在观察的过程中注意力很容易分散，所以教师和家长要给孩子提出明确的观察目标，在观察的过程中还要不断提醒，这样孩子们的观察才能持续下去，也才能做更深入、仔细的观察。

现在市场上有不少训练儿童观察力的图画书，如《视觉大发现》，里面有大量复杂的图片，让孩子们从中找出指定的物体，既有趣，又锻炼了儿童观察物体细节的能力，培养了注意力，可以在家庭和幼儿园中当做游戏来使用。

3. 教幼儿掌握正确的观察方法

观察不是随意的，一定要遵循特定的顺序和规律，比如让孩子观察一棵大树，应该从远到近先观察树的形状、大小，再近距离观察树干、树枝的粗细等，最后仔细观察树叶的颜色、纹理等，这样孩子会对树的外形、大小等宏观特征以及树枝、树叶等的细节性特征有准确的把握。对由上到下、由远到近、由高到低、由外到内、由先到后、由左到右、由整体到细节等观察顺序，在具体观察的过程中要引导幼儿灵活使用。

在观察某个物体时，还要注意将它和同类事物进行比较。比如观察苹果的时候，可以拿一个梨子、李子等和它放在一起，让孩子们仔细分辨它们的外形、大小、颜色、味道等的区别，这样孩子的观察会更加深入细致，对事物的认识也会更加深刻。

观察不仅仅要看，更要让孩子的多种感官都参与其中。客观事物的特征是多方面的，如色、香、味、软硬、光滑与粗糙、大小、冷热、形状、声音等，要让幼儿充分运用视觉、听觉、味觉、触觉、嗅觉等的器官去感知事物各方面的特征，让幼儿多看、多想、多听、多讲、多摸、多嗅，以加深幼儿对事物的印象。通过调动幼儿的多种感官参与观察活动，不仅能让幼儿积极、愉快地去学习，还可以训练幼儿各种感官的灵敏性。

一些训练孩子观察力的图片也可以作为游戏或教具来使用，比如在“找不同”游戏中，给孩子出示两张非常接近的图片，其中有几处不同，让孩子找出来，看谁找得快。在找的过程中，可以教孩子按先上后下、先左后右的顺序比较两幅图片中的细节特征，这样才能找得又快又准。

4. 帮助幼儿总结观察的结果

对观察结果进行总结既能够帮助幼儿进一步认识被观察物各方面的特征，同时也能提升幼儿的比较、分析和概括能力。

对观察结果的总结可以通过多种方法，如绘画、口头表达等。绘画是一种非常简单有效的办法，比如在幼儿观察完小兔子后，让他们画一张小兔子的画，尽管孩子们的绘画技术不成熟，但从他们的画中可以看出小兔子的基本特征，如长耳朵、红眼睛、短尾巴等。

口头表达的方式不但可以帮助孩子们总结观察结果，而且有助于锻炼他们的语言表达能力。总结可以由一个孩子来说，也可以是你一言我一语的群体总结。对幼儿来说，或许结果并不重要，重要的是孩子们经历学习的过程。

二、培养幼儿的记忆力

幼儿阶段是记忆力发展极其迅速的时期，教育工作者和家长要抓住这一时机，创造良好条件，培养幼儿的记忆力。

（一）帮助幼儿明确记忆目标和对象

幼儿以无意记忆为主，无意记忆没有明确的目标，因此记忆效率低于有意记忆。随着幼儿自控能力的提高，在活动的过程中，教师和家长要给幼儿提出明确的活动目标，让幼儿知道自己需要记住什么，有意识地去记。

幼儿兴趣广泛但难以持久，不管是在什么活动中，他们的注意力很快就从一种事物转移到了另一种事物上。如果不提出明确的记忆目标，他们就不知道该记住什么，成人认为很重要的东西他们记不住；成人认为不重要，但他们自己觉得特别新奇、好玩的东西却能够记得很好。

在幼儿园的课堂中，教师对自己的教学目标很清楚，比如哪些是需要让孩子记住的，哪些是需要孩子理解的，哪些是需要孩子感受的。但是孩子们并不清楚，他们很可能会根据自己的兴趣选择性地记住一些无关紧要的东西，比如老师给孩子们讲叶公好龙的故事，他想让孩子们记住这个成语，理解成语的意思，但是孩子们可能会被故事中的龙吸引，想象龙是什么样子，是不是很吓人。所以在课程开始、中间和结束的时候，老师需要多次告诉孩子要记住叶公好龙这个成语，让孩子用这个成语造句，看看谁说得最好。通过这种方式，孩子就会牢牢地记住并会使用这个成语了。

在日常生活中，家长也可以有意识地培养孩子记忆的目的性。比如带孩子上超市买东西，告诉孩子一共要买几件，分别是什么，让孩子记住。如果到了超市，孩子能全部回忆起来的话，就给他一个小小的奖励。这对孩子来说很有激励效果，他一定会非常积极地完成家长交代的任务。家长也可以通过一些更有趣的游戏来提高幼儿有意记忆的能力，比如到水果店买水果的时候，先带着孩子绕着水果陈列架慢慢走一圈，同时告诉他记住陈列架上都摆放着哪些水果，如果能正确说出一种水果的名称，就奖励一定数量的钱来买他想吃的水果，说出的越多，得到的奖励越多。这样孩子在绕着陈列架看的时候，就会有意识地去记水果的名称。这个游戏还可以提高难度，比如绕着陈列架很快地走一圈，或者要求孩子必须按顺序回忆，或者说出红色的水果都有什么等。所有问题都必须先提出来，使孩子明确他要记住什么，这样在活动的过程中他才会认真地观察和记忆。

（二）给幼儿提供生动形象的记忆材料

幼儿的记忆以形象记忆为主，因此，越生动形象的材料，他们记得越牢固。所以让幼儿识记的东西，最好是图文并茂，或者是具体生动、朗朗上口的故事、歌谣、诗词等。

一般来说，低龄幼儿读物中文字的数量很少，以图片为主，即使孩子不识字，只看图片也能够看明白里面的故事。随着儿童年龄的增大，读物中的文字会越来越多，但是图片的重要性仍不可低估，即使是小学低年级的孩子，课本中的图片也仍然占据主要篇幅。

如果想让孩子学习一些抽象的诗词或文章，也最好将其与图片结合起来。另外，让孩子们自己把古诗词的内容画出来，也是一种很有效的强化记忆的方法。

根据幼儿记忆的这一特点可以看出，让幼儿尤其是低龄幼儿背诵非常抽象的古文，对他们来说是非常困难的任务，他们无法理解，只能依靠死记硬背的方法记忆，虽然多次重复后可以说得朗朗上口，但根本不懂文字的内容。这种学习是否有效，还需要进一步研究。

对字、词的学习也可以采用形象记忆法，比如教小孩学习罗马数字，可以根据字形编成以下童谣：

“1”像铅笔细长条，“2”像小鸭水上漂，“3”像耳朵听声音，“4”像小旗随风飘，“5”像鱼钩来钓鱼，“6”像豆芽咧嘴笑，“7”像镰刀割青草，“8”像麻花拧一遭，“9”像勺子能吃饭，“0”像鸡蛋做蛋糕。

学习汉字，也可以根据字形来联想，比如“羊”这个字，上面的两个点就像两个羊角；“月”就像弯弯的月牙。通过这样形象的解释，幼儿很快就能将这些字记住。

（三）多次重复，强化印象

由于幼儿记得快，忘得也快，因此，学习的内容要重复多次才能记住。教师在教学的过程中，可以隔一段时间就复习一次，这样幼儿才能记得牢固。

意大利著名教育家蒙台梭利曾经记录过这样一段观察日记：一个大约 3 岁的小女孩不停地把一些圆柱体放进容器中，然后又从容器中取出。小女孩聚精会神地重复了 42 遍才停下来。在这个过程中，她并没有显示出明显的加速或提高灵敏度，而是表现出了这样一种状态：“每当孩子有过这种体验之后。他们就像经过休整的人，充满着活力，仿佛感受到某种极大的惊喜。”我们在生活中也经常发现，孩子特别喜欢看某些图书或动画片，特别喜欢听某些故事，反复多次也不厌烦，甚至最后把书或动画片或故事中的每一个字、每一句话都能牢牢记住。

为什么幼儿对多次重复感兴趣呢？因为重复能够引起愉快的感受。由于幼儿认知能力有限，在学习或识记的过程中，每一次重复都会使幼儿对材料有一些新的理解，加深对事物的印象，甚至这种熟悉感还会使幼儿产生自我价值感，所以幼儿对重复并不厌烦。

根据记忆的规律，遗忘是从识记后就开始的，起初遗忘速度很快。据对成人的研究发现，识记后过 20 分钟，已经忘记了内容的 40%；1 个小时后，遗忘了 50% 以上；24 小时后，忘记了 60% 以上。可以看出，遗忘的速度是先快后慢。尽管儿童有一种特殊的记忆恢复现象，比如刚开始回忆不出的东西，再过几个小时可能又回忆出来了，但总的来说，遗忘仍然遵循先快后慢的规律。所以幼儿识记后，一定要及时复习。

由于幼儿经常会把记住的内容与想象的内容混淆，因此帮助幼儿复习的最直接的办法就是简单重复，比如教幼儿学一首古诗，当幼儿记住以后过 1 个小时再让他背出来，背不出来的话就再教几遍。幼儿年龄越小，简单重复的复习方法越有效，也容易被幼儿接受。

随着幼儿年龄的增长，复习的方式要更加多样化，尤其是一些难学难懂的材料。比如让幼儿背《三字经》，复习的时候可以采取让每个孩子都背一遍的方法，也可以一人一句轮流接龙，还可以老师说一句，孩子接一句。总之，越是游戏化的方式，越能激发幼儿的兴趣，复习的效果就越好。

（四）教给幼儿一些记忆的方法

记忆的时候，让孩子的视觉、听觉、嗅觉和味觉等多个感官都参与其中，会有更好的效果。比如，要让孩子认识苹果，先让孩子从不同角度仔细观察苹果的形状，然后摸摸它，感觉它是光滑的还是粗糙的，再闻一闻，尝一尝，孩子就会了解苹果的颜色、形状、味道等多方面的信息，最后让孩子说一说他眼中的苹果是什么样子的，或者画一幅关于苹果的图画，会更有利于孩子的记忆。

歌德说，“哪里没有兴趣，哪里就没有记忆”。这句话非常符合幼儿的特点，幼儿感兴趣的事物，不用大人教就能记住，因此，教师或家长要尽可能地激发幼儿的兴趣，比如说歌谣，讲故事，唱儿歌等。二十四节气是很难记住的，但是把它变成歌，儿童轻轻松松就能记住。一些古诗词也可以谱上曲后教孩子唱，会唱了也就记住了。

教孩子学会使用联想的办法来记忆也是非常有效的，比如记一些字形特殊的字，如“旦”，可以让孩子想象一轮红日从海面升起；“田”就是四四方方一块地分成了四块；“山”就是重叠的三座山，中间那座最高；“攀”就是人用一只手抓着木头架子中间的网绳奋力向上。

使用谐音记忆法在识记某些材料的时候也十分有效，比如 3.14159，可以让孩子记“山巅一寺一壶酒”，15015085976谐音为“要我来，要我来吧，我就去啦”。

用分类、画图的方法也可以帮助记忆，比如把要记住的词按类别分，哪些是动物，哪些是水果等。一般来说，随着孩子思维水平的提高，他会自觉地采取分类的办法来记忆；画图的办法比较适合儿童形象记忆的特点，如果儿童有一定的绘画能力，就可以使用这种办法帮助记忆。

总的来说，由于幼儿记忆的目的性不强，自觉性不够，所以他们一般不会主动采取某种记忆策略来学习，绝大多数情况下都需要教师和家长给他们提出明确的要求。同时帮助他们使用某种方法，像编儿歌、谐音记忆、联想法等，都得由教师或家长编好后教给他们。但是，随着幼儿经验的积累，他们也开始慢慢模仿怎么编儿歌，怎么进行联想，教师和家长也可以给孩子提出这方面的要求，这时前期的记忆策略教育就会慢慢显示出它们的价值。

三、培养幼儿的想象力

(一)为孩子创造宽松、愉快、无压力的环境

异想天开是孩子的天性，只要不给他们过分的压力，孩子们的想象力是无穷的。但是，成人往往会用现实的标准要求孩子，对孩子们的想象力进行限制，让孩子们不敢想，随着时间的推移，他们也就不愿再想了。

我们知道，幼儿的知识经验还不丰富，思维能力还处于较低水平，因此他们对事物如何认识无法用成人的标准要求，他们有自己的想象空间。随着幼儿年龄的增长，认识水平的提高，他们对事物的认识也会越来越深刻，一些荒诞的想法自然会越来越少。但是如果早期受到成人过多的批评和否定，孩子们就不敢去想，而去猜测大人想让他说什么，做什么，这样的孩子很乖很听话，但没有主动性，没有想象力。

因此，对幼儿想象力的培养首先需要家长和教师为孩子创造一个轻松无压力的空间，容忍和接受孩子看起来荒诞无稽的想象，同时也告诉他们现实生活中的知识和经验，给孩子们足够的时间让他们慢慢成长。

(二)扩大幼儿视野，丰富幼儿感性知识和生活经验

幼儿的想象是以再造想象为主的，因此，只有积累了丰富的表象经验，幼儿的想象才能得到最大限度的发展。比如有个6岁的孩子，她画了一幅名为《秋收》的画，用蔬菜大丰收来表现秋季收获的欢乐。画面中有卡通人物形状的大白菜、冬瓜、胡萝卜和西红柿，周围有茄子、黄瓜、大蒜、扁豆和青菜，还有大录音机正在播放舞曲，最上方的大红萝卜是指挥。还有一个孩子画了一幅《月亮的家》，画面中有好多个月亮，大的、小的、弯的、圆的。

因此，要多带儿童到自然中去体验，看看动物园中各种各样的动物，观察花园中多姿多彩的花朵和翩翩飞舞的蝴蝶，体验游乐场中惊险刺激的游戏，听听优美的音

乐，丰富儿童的生活内容，让孩子的视野更加开阔，在生活中积累更多的知识和经验，为他们的想象提供丰富的素材。

（三）通过游戏开发儿童的想象力

游戏是开发儿童想象力的一种最好的方式。很多游戏本身就需要孩子发挥自己的想象，比如经典的过家家游戏，每个孩子都要在其中扮演某种角色，每个角色做什么、说什么话，都可以自由发挥。孩子们一边模仿大人做事或者说话的样子，一边加进去自己的想象，游戏会变得非常生动有趣。

根据游戏的教育作用可以将幼儿游戏分为两大类。

一类是创造性游戏，包括角色游戏、结构游戏和表演游戏。此类游戏由儿童自由玩，没有严格的规则，也没有明确的教育目标。

另外一类是有规则游戏，包括体育游戏、音乐游戏、智力游戏等。此类游戏由教师组织儿童进行，有明确的规则和活动目标。

不管是创造性游戏还是有规则游戏，都可以用来培养儿童的想象力。但是在创造性游戏中，儿童由于没有外界的约束，想象更为自由，比如幼儿角色游戏中常见的“看病”，扮演医生的孩子可以问“病人”各种各样的问题，对他进行各种各样的诊治，开出各种各样的药方；而扮演病人的孩子则可以任意描述自己的病情，做出各种表情和动作来表示自己生了什么病。在结构性游戏中，孩子可以用积木、拼图、沙子、石子等各种材料搭出各种各样的城堡、花园、游乐场。在表演游戏中，孩子们可以让树木、动物都像人一样说话，让仙女和妖怪一起歌唱。

在创造性游戏中，成人一般只起引导的作用。比如孩子们表演“白雪公主”的故事时，王后听见魔镜告诉她白雪公主还活着，非常愤怒，扭头就走了。表演结束后老师问孩子们自己特别生气的时候会怎么做，然后再引导大家想象王后怎么样表达或发泄自己愤怒的情绪，孩子们议论纷纷，有的说王后会哇哇大叫，有的说王后会把镜子摔碎，有的说王后会打身旁的侍女。老师并没有加以评价，等第二次孩子们再表演的时候，王后的表演就生动多了。

有规则的游戏也可以通过规则来培养儿童的想象力。比如体育游戏中让孩子们跳过想象中的小河，爬过想象中的山洞；音乐游戏中让孩子们根据不同的音乐节奏跳舞或做动作；智力游戏中让孩子们就一个问题想出多种不同的答案。

（四）充分利用文学艺术活动发展幼儿的想象力

幼儿最喜欢听故事，也喜欢把听到的故事讲给别人听。家长和教师可以充分利用儿童的这一特点，引导儿童在听故事和讲故事中发挥想象。比如给孩子讲《龟兔赛跑》的故事后，让孩子们编龟兔第二次、第三次赛跑的故事；给孩子讲《乌鸦和狐狸》的故事后，让孩子们想一想乌鸦怎么样才能把肉再夺回来。

看图片讲故事也是一种有效激发幼儿想象力的方法。给孩子看一张图片，问孩子图片上都有谁，发生了什么事，引导孩子编故事。然后让每个孩子把自己编的故事给大家讲，看谁的故事最有趣。也可以采取给主题讲故事的方法，比如给孩子一个题目“快乐的星期天”，让孩子们想想星期天做些什么最开心。

表演故事也深受幼儿的喜爱。比如孩子们非常喜欢看《喜羊羊和灰太狼》的故事，可以让孩子们制作道具，每人一个角色，扮演羊羊们和灰太狼、红太狼，让孩子们猜猜灰太狼想什么办法抓羊，羊羊们又是怎么逃脱的。

绘画也是一种培养儿童想象力的有效方法。绘画不会受到口语表达或文字书写能力的限制，更容易让儿童尽情表达自己的情绪和思想。4岁左右是孩子绘画的敏感期，对画画、涂色非常感兴趣。儿童阶段的绘画，以培养兴趣、激发想象力和创造力为目标，因此绘画的形式、内容、选材等要尽可能多样化。除了传统的铅笔画、水粉画、蜡笔画等，还可以使用吹画、拓印画、喷洒画、手指点画、手印造型等有趣的形式，让幼儿感知色彩的美和多变，激发幼儿对色彩和造型的浓厚兴趣。另外，剪纸、拼贴、泥塑、布艺等都是美术的表现形式，让孩子们体验多种材料带来的不同感受，可以让他们领悟到美就在我们的生活中，培养他们自觉发现美、感受美的能力。

在绘画的过程中，也可以使用一些技巧来激发儿童的想象力。比如，老师在纸上画一个圆，让孩子在这个圆的基础上添加一些东西把它变成一幅画；或者让一个儿童在画上随意画一个东西，不管是花草树木还是人物，然后下一个孩子接着画，如此轮流，最后大家合作完成一幅画。

对儿童绘画的评价非常重要，很多家长和老师往往会用“像不像”来评价，其实对幼儿来说，“画什么”比“画得怎么样”更重要。绘画是儿童表达情绪的一种手段，同时也表现了儿童对世界、对事物的认知，所以幼儿往往把自己喜爱的、最明显的东西夸大，或者涂上鲜艳的色彩，而对别的东西就会忽略。比如他喜欢蝴蝶，可能会画一只硕大的蝴蝶，而比蝴蝶大出很多的花朵则随便画画，或者画得小小的。画人物时，可能专注于人物的某个细节，比如一个小女孩头上的蝴蝶结，而把小女孩的身体画得很简单、很小。在成人看来，儿童的画往往荒诞无稽，十分大胆，他们没有条条框框的限制，想到什么就画什么，因此，不能用成人的标准评价。对儿童的画，只需请他们解释说明，然后加以鼓励即可。如果儿童年龄略大，可以略微教他们一些绘画技法，比如点、线、面的组合，色彩的搭配等，但不能限制儿童的自由发挥。

音乐也是开启儿童想象之门的金钥匙。儿童对音乐有一种敏锐的领悟力，对音乐表达出的情感他们比成人更易感受到。比如《森林狂想曲》，孩子们能够清晰地听出乐曲中各种动物的鸣叫、潺潺的溪水，可以让他们随节奏起舞，想象小动物们在清晨的森林中欢乐地歌唱的情景。优美的音乐能够陶冶幼儿的情操，让他们在音乐中展开想象的翅膀。

四、培养幼儿的思维能力

培养幼儿的思维能力

（一）保护儿童的好奇心和求知欲

儿童具有强烈的好奇心和求知欲，3 岁的孩子已经开始不断问“这是什么”“为什么”等问题了，4、5 岁以后孩子的问题越来越多，不管是生活中的，还是书本上的，凡是不明白的就会马上问。很多问题看起来简单，大人却也不知如何回答，比如“为什么 1+1=2”“为什么人会长眼睫毛”等。家长和老师常常被孩子们的“十万个为什么”搞得不胜其烦，或者胡乱应付回答，或者简单敷衍一句“你自己想想”，甚至会不耐烦地责骂孩子。

为什么孩子会有一个问题的爆发期呢？随着孩子生理和心理的发展，他们不但开始用自己的感官探索世界，而且开始思考事物的来龙去脉，去发现事物背后的真相。“是什么”“为什么”这样的问题反映了孩子在观察和思考，智慧就是从这个过程中产生的。正是因为人类在远古时代对自然和社会充满了好奇与疑问，才会有科学技术和文化艺术的诞生。我国古代著名诗人屈原在《天问》一诗中对天地的由来、天体的运行规律、人类的产生和发展历史、自然地理等上至天文、下至地理等诸多领域提出了 172 个问题，集中反映了古代人对世界的思考和探索。儿童的问题也与此类似，在他们眼中，世界是神秘的，他们用好奇的眼睛探索世界，力求发现世界的奥秘。所以，爱提问题的孩子是观察敏锐、喜欢动脑筋的孩子。

对这样的孩子，家长和老师应该多鼓励，千万不要敷衍甚至打击，要保护孩子的好奇心和求知欲。如果知道问题的答案，就准确地告诉孩子，用孩子能懂的语言给他耐心地讲明白；如果不知道如何回答，就跟孩子一起查阅资料或者亲自动手寻找问题的答案。成人的行为是儿童的榜样，在一起探索的过程中，孩子不仅解决了问题，满足了好奇心，还学到了如何去寻找问题的答案。更重要的是，孩子能从大人身上感受到学习的热情，这对他们今后学习兴趣、学习习惯的培养会起到至关重要的作用。

（二）丰富儿童的知识经验

思维是对头脑中已有的信息进行加工的过程，假如我们把思维比作一台万能车床，已有的信息就是给车床提供的原材料，只有提供丰富的原材料，才能加工出更多的产品，车床的性能才能得到更充分的发挥。对幼儿来说，因受到生活环境和感知能力的限制，他们头脑中的知识经验还不够丰富，能够提供给思维进行加工的素材还很少，因此思维的广度、深度、灵活性还比较差，对事物的认识更多地停留在表面，难以深入。因此，家长和教师要通过各种方式开阔幼儿的视野，丰富他们的知识经验。

知识经验的来源很多，不管是书本上的文字图画，还是生活中的场景人物，都可以成为很好的学习内容。但是很多家长和教师往往过分注重书本知识的传授，忽视实践经验的学习。对幼儿来说，生活即学习，学习即生活，来自生活的学习往往比来自书本的学习更重要。幼儿可以从书本上得知水受热后能够变成水蒸气，水蒸气遇冷又会变成水，继续降温到零度以下会结冰，但这些知识对幼儿来说仅仅是知识而已，不会给他留下深刻印象，他也不会运用这些知识解决问题。但如果让儿童亲自动手将一杯水烧开直至水蒸气全部蒸发，再通过冷凝装置将其收集到一个瓶子中，将瓶子放到冰箱冷冻室，亲眼看到水最后变成一个冰块的过程，孩子就会对水的变化留下极其深刻的印象。在很多时候，如何获取知识经验比获取多少知识经验更为重要，因为在这个过程中，孩子学到的知识是活的，这些知识真正变成了他自己的。

家长和教师要多引导孩子观察生活中的各种事物，天空中的太阳、白云和小鸟，地上的大树、小草和花朵，马路上川流不息的汽车和行人，都可以成为幼儿的探索对象，成为知识的来源。

（三）创造合理的问题情境，鼓励幼儿积极探索

思维能力是在发现和解决问题的过程中得到锻炼和提高的，因此给幼儿创造一个适合其发展水平的问题情境，对幼儿思维能力的发展十分有益。

问题情境的创设要有明确的目标，比如是培养幼儿发散思维能力还是集中思维能力，是培养他解决空间问题的能力还是推理分析能力等，要根据目标确定问题的形式和内容。

我们知道，幼儿的思维是从直观动作思维发展到具体形象思维，最后向抽象逻辑思维发展，整个幼儿期，都是以形象思维为主的，因此，给幼儿提出的问题，必须是他能够理解的、具体形象的问题。比如问孩子水和木头哪个更重，如果仅仅这么问，孩子可能随便回答一个，根本不会认真思考。假如换个形式，老师端一盆水，拿上一些石头子、玻璃球、木块、橡皮泥、塑料瓶等放在旁边，让孩子们猜一猜哪些东西放到水里会沉下去，哪些东西会浮在水面，孩子们一定会非常感兴趣，并且会争先恐后地动手试试。在尝试的过程中，老师再问孩子为什么有些东西会沉下去，有些东西会浮在水面上，让孩子们大胆猜测，老师再进行引导，让孩子们理解轻、重的差异。

五、培养幼儿的注意力

（一）培养幼儿的兴趣

爱因斯坦说，兴趣是最好的老师。对幼儿来说，兴趣是激发和保持注意的动力。幼儿以无意注意为主，有意注意初步发展，因此，他们的注意力很容易被新奇有趣的事物吸引或干扰，维持稳定注意的时间很短。但是，如果幼儿对事物感兴趣的话，保持稳定注意的时间可以达到一小时甚至更长。苏联的比都霍娃做了这样一个实验：要求幼儿把各种彩色纸条分别放到颜色相同的盆子里，比较在单纯完成任务的情况下与游戏中幼儿的注意。结果发现，在单纯完成任务的情况下，4 岁幼儿只能坚持 17 分

钟，6 岁幼儿只能坚持 62 分钟；而在游戏中，4 岁幼儿可坚持 22 分钟，6 岁幼儿可坚持 71 分钟，而且分放纸条的数量比单纯完成任务时多 50%。国内有人做了一个类似的实验，在一般条件和游戏条件下，让孩子学习新词。结果发现，在一般条件下，3～4 岁和 5～6 岁的孩子分别是 3 分钟和 8 分钟；在游戏条件下，竟分别保持了 30 分钟和 45 分钟。

由此可见，是否对所从事的事情感兴趣决定了孩子能保持多长时间的注意力。家长和老师经常会观察到，上课或学习时坐不住的孩子，在看动画片时可以非常专注地看 1 小时甚至更长时间。孩子们对自己感兴趣的事情，会表现得十分执着和专注。因此，对家长和教师来说，只要激发孩子对活动的兴趣，他们就能自然而然地集中注意力。

孩子最感兴趣的是什么呢？一般来说，孩子对新奇、好玩、有趣的事物感兴趣，喜欢亲自动手操作，喜欢听故事，喜欢做游戏。除了这些一般的特点以外，每个孩子都会有独特的兴趣焦点，比如有的孩子喜欢画画，有的喜欢看书，有的喜欢动手操作。家长和老师要善于发现孩子的兴趣点，把学习活动渗透其中，让孩子在不知不觉中学到知识和技能。

除了选择孩子感兴趣的教学内容外，教师还需要改进教学方法，通过灵活、有趣的方法来激发和保持孩子的学习兴趣。即使是一节 20 分钟的课，教师也要精心设计教学环节，在课程的开始、中间和结尾部分，设计或穿插一些吸引孩子的内容，避免孩子因疲倦或厌烦而出现注意力分散的现象。在教学过程中，教师要通过生动形象的语言、教具、多媒体设备、实践活动、游戏等，有效激起幼儿的兴趣。在兴趣的推动下，幼儿的注意力就能得到有效的保持。

（二）防止无关干扰

儿童的注意以无意注意为主，因此，很容易被一些无关的但新奇有趣的事物吸引，导致注意力分散。所以，要尽可能给儿童创造一个安静、简洁、整齐的环境，房间里的装饰不宜过多，远离街道或人多嘈杂的地方，给儿童提供的教具不宜太多，更换不宜太勤。

尤其要注意的是，在儿童学习或专注地做事的时候，家长或教师不要随意去干扰。教师和家长最常出现的一个错误就是由于过度关注而不自觉地干扰孩子，比如孩子搭积木或拼图的时候，家长或教师在旁边看着，发现他搭错了或者拼错了，就不由自主地告诉他应该怎么做。有时候孩子正在看书，家长一会儿让他喝水，一会儿叫他吃饭，结果孩子做什么事情都不能专心。

要培养孩子做什么事情都专心致志的良好习惯，一定要从生活中的每一件小事做起。比如很多家庭都是一边看电视一边吃饭，结果孩子往往过于专注地看电视，不好好吃饭。要让孩子从小学会专心地做一件事，吃饭就专心吃饭，看电视就专心看电视，玩游戏就专心玩游戏，不能一心多用。

（三）养成科学合理的生活习惯

1. 劳逸结合，科学作息，保持精力

儿童正处于身体迅速发育的时期，精力旺盛，玩起来不知疲倦，但是过度劳累会导致身体机能失衡，影响神经系统的正常工作。因此，要从小培养孩子养成合理的作息习惯，该玩的时候玩，该休息的时候休息，该学习的时候学习，孩子才能保持良好的身体和心理状态，在学习时保持稳定、集中的注意力。很多人都有这样的体会，中午休息一会儿，下午工作的时候才有精神，否则整个下午都昏昏欲睡，什么事情都做不好。儿童更是如此，不管是在家还是在幼儿园，都一定要让孩子保持有规律的作息习惯，劳逸结合，合理安排学习、游戏和休息，使孩子一直保持旺盛的精力。

2. 少看电视，少玩电子游戏

过多地看电视和玩电子游戏对孩子的注意力也会产生不良的影响。已有研究表明，看电视过多或者玩电子游戏过多的孩子，在注意力的稳定性上与其他孩子相比存在缺陷，他们学习时不能集中注意力，缺乏学习兴趣，性格急躁，容易神经质。电视和电子游戏不断闪烁与变换的画面对幼儿来说是一种过强的刺激，超出了他们视觉和神经系统的承受力，时间久了会影响神经系统的正常活动。还有人认为，孩子看电视时，十分专注，甚至目不转睛、一动不动，玩游戏时能全神贯注、心无旁骛地沉迷其中，对培养孩子的注意力有好处。其实恰恰相反，因为如果幼儿适应了电视或电子游戏里强烈的声光的刺激和不断变换的画面，就很难再把注意力集中到一本书或一幅画上，从而造成一定的学习障碍。美国曾经做过一个调查，发现大约 50% 的孩子患有不同程度的注意力集中障碍，专家认为是看电视造成的。英国一家研究机构发现，在英国有超过 80% 的儿童因为看电视导致注意力难以集中。所以，幼儿要少看电视，少玩电子游戏，这样才更有利于注意力的培养。

【思考与练习】

1. 幼儿的想象力发展有哪些特点？举例说明如何培养幼儿的想象力。
2. 结合实际谈谈如何培养幼儿的注意力。

第四章　幼儿的情绪、情感发展及其教育指导

【关 键 词】

情绪影响因素；情感分析；教育指导

【学习目标】

1. 了解幼儿情绪和情感的基本概念。
2. 理解并掌握幼儿情绪和情感的特点。
3. 掌握并能灵活运用情绪和情感培养策略。

【学习重点和难点】

本章主要讲述有关幼儿情绪和情感的主要内容，让学习者更好地了解幼儿情绪和情感。其重点在于对情绪和情感特点的掌握，难点在于实际运用方面，要很好地引导幼儿情绪的发展，更要理解幼儿情感的触发点。

【内容结构】

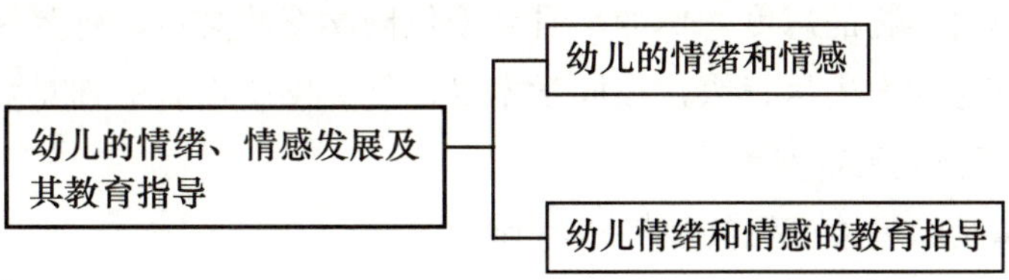

第一节 幼儿的情绪和情感

【案例导入】

红红3岁，喜欢的小鸭子玩具碎了，她就伤心地哭起来，妈妈给她一块巧克力，她就又笑了；看见小朋友哭了，她也跟着哭起来。

思考：

根据情绪发展的趋势原理分析上述案例。

一、情绪和情感的性质及作用

情绪和情感是人对客观事物的态度的体验，是人的需要是否获得满足的反映。喜、怒、哀、乐等就是人类的一些常见的情绪和情感。这是人类心理生活的一个重要方面。对于情绪和情感的定义，可以从三个方面来分析。

（一）情绪和情感的性质

1. 定义

（1）情绪和情感是人对客观现实的态度的反映。

情绪和情感总是由客观事物引起的，离开了具体的客观事物，人就不可能产生情绪和情感。世界上没有无缘无故的爱与恨，就是这个道理。客观现实是情绪和情感产生的源泉，人的情绪和情感是客观现实的反映。但是，这种反映并非反映事物的本身，而是反映主体对事物的态度。例如，看到一位同学谈吐文雅、行为端庄，我们会产生好感。这种好感的产生尽管来自该同学本身，但好感所反映的却是对该同学言谈举止的态度，是一种体验或感受。

（2）认识是情绪和情感产生的前提和基础。

人对客观事物的认识、评估是产生情绪和情感的直接原因，换而言之，没有对客观事物的认识，便不能产生任何情绪和情感。如上例，正是因为该同学的言谈举止作用于我们的感官，使主体对这些表现产生了认识后，才产生了对这些表现的评价，在此基础上产生了对该同学的好感。即便同一事物，由于它在不同的条件、不同的时间出现，我们对它的认识、判断与评价也会不同，从而会产生不同的情绪和情感的体验。例如，我们在野外看到一只老虎会大惊失色、惊恐万分，而在动物园看到老虎或看马戏表演时却无害怕之感。

（3）情绪和情感的性质以客观事物是否满足人的需要为中介。

人对客观事物的不同认识，产生了不同的态度，从而产生了不同的情绪和情感。那这种态度又是由什么决定的呢？决定人们态度的是该事物是否符合主体的需要。如果该事物符合并满足主体的需要，人们就会对该事物持肯定的态度，产生满意、愉快、高兴的情绪和情感体验；反之，如果该事物不符合、不能满足主体的需要，人们便会对该事物持否定的态度，产生不满、愤怒、痛苦、仇视等消极的情绪和情感体验。因此，对客观事物的不同态度取决于该事物的主体需要的满足程度，需要就成为客观事物与主观情感体验的媒介，从而也决定了人的情绪和情感的关系。

2. 情绪和情感的关系

情绪和情感是两个既有区别又有联系的概念。其区别有以下几点。

（1）从主要的角度看，情绪是和有机体的生物需要相联系的体验形式，如喜、怒、哀、乐等；情感是与人的高级社会性需要相联系的一种较复杂而又稳定的体验形式，如与人交往相关的友谊感。

（2）从发生的角度看，情绪是原始的，发生较早，为人类和动物所共有。而情感发生较晚，是人类所特有的，是个体发展到一定阶段才产生的。情绪发展在先，情感体验在后。婴儿一出生就产生了对身体舒适状态做反应的笑等情绪反应，而情感则是在与社会接触的过程中逐渐产生的。婴儿对母亲的依恋与爱的情感就是在不断受到爱抚关怀的过程中产生的愉快的情绪体验。

（3）从稳定程度看，与情感相比，情绪不稳定，一般具有较大的情境性、激动性和暂时性。随着环境的改变及需要满足情况的变化，情绪会发生相应的变化。而情感则是具有较大稳定性、深刻性和持久性的心理体验，是对事物态度的反映，是构成个性或道德品质的稳定成分。

（4）从表现形式看，情绪一般发生迅速、强烈而短暂，有强烈的生理变化，有明显的冲动性和外部表现。而情感则比较内隐，多以内在体验的形式存在。一个人高兴时可以手舞足蹈，愤怒时咬牙切齿，这些是情绪的外显表现；但人们热爱祖国的情感是一种内在的深刻体验，不轻易外露，而主要是在行动中表现。情绪和情感虽然有各自的特点，但又是相互联系、相互依存的。一方面，情绪是情感的基础，情感离不开情绪，情感是在情绪稳定的基础上发展、建立起来的，情感又通过情绪的形式表达出来；另一方面，情绪离不开情感，情绪是情感的具体表现，情感是情绪的本质内容。情感的深度决定着情绪表现的强度，情感的性质决定了在一定情境下情绪表现的形式，在情绪发生过程中，往往深含着情感因素。

3. 情绪和情感与认识过程的关系

（1）情绪和情感与认识过程的联系。

情绪和情感与认识过程是紧密联系的。认识过程是产生情绪和情感的前提与基础。有了对事物本身属性的认识，才能有主客体之间需求关系的反映，从而产生情绪和情感；没有对事物的认识就不能产生情绪和情感。没有某种感觉，不可能有某方面的情绪，所以聋者不觉噪声之讨厌，盲者不知丽色之可喜。当人听到并知道是节日的礼炮声或是激战的炮声时，便有不同的态度体验，这是与知觉相联系的情绪和情感；当人们回首欢乐的童年、学业和事业的成就、甜蜜的爱情、遭受挫折时惊险的场面，便会产生不同的态度体验，这是与记忆相联系的情绪和情感。

（2）情绪和情感与认识过程的区别。

认识过程反映了客观事物本身的属性，而情绪和情感过程则反映了主客体之间的需求关系。单纯对客观事物的认识不能产生情绪和情感，只有客体和主体之间的需求关系的反映才产生情绪与情感。认识过程的随意性较强，人可以随意地感知、注意、记忆、想象和思考，也可以随意地停止这种认识活动。

4. 情绪和情感与机体变化

在情绪和情感活动中，机体所发生的外部表现和内部变化是和神经系统多种水平的机能联系着的，是大脑皮层和皮层下中枢协同活动的结果。

（1）机体的生理变化。

伴随情绪和情感的产生，有机体内部会发生一系列的生理变化。这些变化主要表现在呼吸系统、循环系统、消化系统以及内外腺分泌的变化上。例如，人在紧张时，肾上腺活动增强，肾上腺分泌增多，使得血糖增加、呼吸加快、心率加速、血压升高，脑电图出现高频率、低振幅的波（频率为 14 ～ 30 次 / 秒，振幅为 5 ～ 20V），皮肤电阻降低，唾液腺、消化腺和肠胃蠕动减少等；而人在高兴时，肾上腺活动正常，肾上腺分泌适当，呼吸平稳，血管舒张，血压下降，皮肤电阻上升，唾液腺、消化腺和肠胃蠕动加强等。这种变化的差距是十分明显的。以呼吸系统为例，在不同的情绪状态下，呼吸的频率乃至呼气和吸气的比例都会产生明显变化：在悲痛时，每分钟呼吸 9 次，高兴时 17 次，积极动脑筋时 20 次，愤怒时 40 次。情绪的这种独特的生理特性，使得情绪也就与一个人的健康发生密切关系。我国古代就有“喜伤心”“怒伤肝”“忧伤气”“思伤脾”“悲伤肺”“恐伤肾”“惊伤胆”之说，现代医学更是明确地提出了身心疾病的概念。

（2）情绪和情感的外部表现。

情绪和情感发生时，人的身体各部位的动作、姿态也会发生明显变化，这些行为反应被称为表情。表情是人际交往的一种形式，是表达思想、传递信息的重要手段，也是了解情绪和情感体验的客观指标。人类的表情主要有面部表情、身段表情与言语表情三种。

①面部表情。人的面部表情最为丰富，它通过眼部肌肉、颜面肌肉和口部肌肉来表现人的各种情绪状态。眼睛是心灵的窗户，各种眼神可以表达人的各种不同的情绪

和情感。例如，高兴时眉开眼笑，悲伤时两眼无光，气愤时怒目而视，恐惧时目瞪口呆等。眼睛不仅能传情，还可以交流思想，因为人们之间有些事情不能或不便言传，只能意会，因而观察他人的眼睛，可以了解他人的内心愿望，推知人们对事物的态度。眉毛的变化也表现出不同的情绪状态，如展眉欢欣、蹙眉愁苦、扬眉得意、低眉慈悲、横眉冷对、竖眉愤怒等。口部肌肉同样是表露情绪的主要线索。例如，嘴角上提为笑，下挂为气，憎恨时咬牙切齿，恐惧时张口结舌。就连表情肌肉有所退化的鼻子和耳朵也能表示人不同的心态，如轻蔑时耸鼻、恐惧时屏息、愤怒时张鼻、羞愧时面红耳赤等。据心理学家埃克曼的研究，人的面部表情是由七千多块肌肉控制的，这些肌肉的不同组合使人能同时表达两种情绪，如愤怒加厌恶等。所以，人的面部表情是丰富多彩的。

②身段表情。身段表情是通过四肢与躯体的变化来表现人的各种情绪状态。例如，从头部活动来看，点头表示同意，摇头表示反对，低头表示屈服，垂头表示丧气；从身体动作来看，高兴时手舞足蹈，悔恨时顿足捶胸，惧怕时手足失措。

③言语表情。言语表情通过音调、音素、音响的变化来表现人的各种情绪状态。例如，高兴时语调激昂、节奏轻快，悲哀时语调低沉、节奏缓慢，声音断续且高低差别很少，爱抚时语言温柔、和颜悦色，愤怒时语言生硬、态度凶狠。有时同一句话，由于语气和音调不同，就可以表示不同的意思。例如，“怎么了”既可以表示疑问，也可以表示生气、惊讶等不同的情绪。

5. 情绪和情感的两极性

情绪和情感都具有两极性，这是达尔文在研究人类和动物的表情时，提出的一个对立性原则。情绪和情感的两极性是指情绪和情感无论从何种角度来分析，都可分为向、背两个方面，如肯定和否定、强和弱、紧张和轻松、快乐和忧伤等。一般来说，情绪和情感的两极性具体表现在以下几个方面。

（1）从性质上看，情绪和情感的两极性表现为肯定和否定的对立性质。

当个人的需要得到满足时，会产生肯定的情绪和情感，如愉快、高兴、爱慕等；当个人的需要得不到满足时，则产生否定的情绪和情感，如烦恼、忧伤、憎恨等。肯定的情绪和情感是积极的、增力的，可提高人的活动能力；否定的情绪和情感是消极的、减力的，可降低人的活动能力。构成肯定或否定两极的情绪和情感，并不是相互排斥的。客观事物之间的联系是极其复杂的，一件事物对人的意义也可以是多方面的。因此，两极对立的情绪可以在同一事物中同时出现。例如，面对困难的烦闷感与战胜困难的兴奋感就会同时出现在某一个人身上。相反的两种情绪、情感在一定条件下甚至还能够相互转化，破涕而笑、乐极生悲等，就是由一个极端转化为另一个极端的实例。

（2）从强度上看，情绪和情感的强弱是不同的。

例如，从不安到激动，从愉快到狂喜，从好感到热爱等就体现了情绪、情感的不同强度。在每一对由弱到强的情绪和情感中还存在着许多程度上的差异。例如，从满意到狂喜的发展过程是：好感—喜欢—爱慕—热爱。情绪和情感的强度取决于引起情绪和情感的事物对人的意义的大小，意义越大，引起的情绪和情感也就越强烈。

（3）从紧张度上看，情绪和情感有紧张和轻松之别。

这种两极性往往在人活动的最关键时刻表现出来。例如，遇到重大的比赛，人们会处于高度紧张的状态，一旦比赛结束，人的紧张状态便逐渐消失，随之而来的是轻松的情绪体验。情绪和情感的紧张度既取决于当时情境的紧迫性，又取决于人的应变能力及心理准备状态。一般情况下，紧张状态将导致人的积极行为，但是，如果过分紧张，也可能使人不知所措，甚至停止行动。

（4）从激动性上看，情绪和情感还有激动与平静两极。

激动的情绪和情感是强烈的、短暂的、爆发式的态度体验，如悲痛、狂喜、暴怒等。与激动的情绪和情感相对立的是相对平静的情绪和情感。在大多数情况下，情绪和情感是相对平静的，这也是人们进行正常的生活、学习和工作的基本条件。

（二）情绪和情感的作用

1. 适应作用

在现代社会中，随着科学的不断进步，文化的不断发展，社会价值、社会规范、社会观念也随之不断变化，这就使个人对环境的适应产生了困难。现代人适应现代社会发展的要求，往往通过调节情绪来对付日趋复杂的工作环境和人际关系。一种新观念、新情况出现后，人们不可能用以往有效的方式做出适当的反应，因而出现某种情绪的困扰，若长期不能排除，就不能适应正常的学习、生活和工作，这不仅影响到人们的工作效率，而且不利于身心健康。医学心理学研究和临床经验表明，情绪因素既是致病因素，又是治病因素。长期情绪困扰会导致焦虑、压抑，引起某些身心性疾病，如偏头痛、高血压、胃溃疡等，以致引起神经或精神疾病。因此，对情绪进行自我控制、引导、调节和适当的发泄，既有利于人们适应当今复杂的社会生活，有助于工作，又有利于身心健康。

2. 动机作用

情绪和情感是驱策人行为的动机。所谓动机是激励人们行动的原则。动机可以引发并维持主体有组织、有目的、有方向的行为。需要得到满足是行为的内驱力，是行为动机的主要来源。事实上，情绪和情感就是伴随着需要的满足而产生的心理体验。研究发现，适度的情绪兴奋性会使人的身心处于最佳活动状态，能促进主体积极行动，从而增进行为效率。一定情绪紧张度的维持有利于行为的顺利完成，过于松弛或过于紧张都对行为的进程和问题的解决不利。

3. 调节作用

情绪和情感的调节功能是指情绪和情感对人体的活动具有组织或瓦解的作用。这种作用一方面表现为情绪和情感产生时，会通过皮下中枢活动引起身体各方面的变化，使人能够更好地适应所面临的情境。例如，面对突如其来的险情，恐惧会使人产生应激反应，引起体内一系列生理机能的变化，使人更好地适应变化的环境。另一方面表现为情绪和情感所引起的调节作用影响着个人智能活动的效率。苏联心理学家基夫就明确提出了思维活动受情绪调节的观点，认为“协调思维活动的各种本质因素正是同情绪联系，保证了思维活动的灵活性，重新调整、修正，避免刻板性和更替现存的定势”。实践也证实，心情好时，人的思维格外灵敏；而心情沮丧时，人的思维变得迟钝、混乱。

4. 信号作用

人处于复杂的社会环境中，总会与周围的人发生一定关系，进行一些信息交流。情绪和情感在这种人际关系中起着信号作用，是人际交流的重要手段。情绪和情感有着明显的外显形式，即表情。表情是传播情绪和情感信号的主要媒介。面部表情的喜怒哀乐变化、音调变化以及身体姿势都显示出主体的情绪状态。从这些情绪的外部表现中就能得知他对一定事物的好恶态度，以及该事物本身的一些信息。人们在交际过程中，喜怒哀乐等情绪表情是交流彼此的思想、愿望、需要、态度以及观点的有效途径：微笑表示满意和鼓励；怒目圆睁表示个人对事物持否定态度。语言尚未发展起来的婴儿从周围成人的表情中，能了解做哪些事情受鼓励、应该做，做哪些事情受责备、不应做。孩子看到陌生人会有些惧怕，这时人如果用微笑、点头等表情鼓励他，他就会慢慢与之接触而不感到陌生。可见，大人及时的情绪和情感反应是婴幼儿学习、认识世界并发展个性的主要手段之一。同样一句话用不同的音调说出，带来的情绪色彩也不同，从而会造成不同的理解。所有这些都说明，由各种表情表现出来的情绪和情感使人对环境事件的认识、态度与观点更具表现力，从而使人们在人际交往中更容易传递信息。

二、情绪和情感的种类

（一）情绪和情感的基本形式

人的情绪和情感多种多样，我国古代有六神说与七神说。六神说是指爱、恶、喜、怒、哀、乐。七神说即喜、怒、哀、乐、惧、爱、恶。根据近代关于情绪分类的研究，通常把情绪分为快乐、悲哀、愤怒、恐惧四种基本形式。

看得见的情绪

1. 快乐

快乐是指盼望的目标达到或需要得到满足之后，解除紧张时的情绪体验，如亲人相见时的高兴、获得好成绩时的愉快、工作取得成就时的满足等。但是，有一些情绪，如怜悯、奇怪、惊奇等，既不是明显的快乐，又不是明显的不快乐。快乐的程度取决于愿望的满足程度。一般来说，快乐的情绪按程度不同可以分为满意、愉快、欢乐、狂喜等。引起快乐情绪的原因很多，如亲朋好友的聚会、美好理想的实现、宁静明亮的学习环境等都可以引起快乐的情绪。如果愿望或理想的实现具有意外性或突然性，则会加强快乐的程度。

2. 悲哀

悲哀是与失去所热爱的对象或所盼望的东西相联系的情绪体验。引起悲哀的原因比较多，如亲人去世、升学考试失意、自己所珍爱的物品丢失等。悲哀的程度取决于失去对象的价值。此外，主体的意识倾向和个体特征对人的悲哀程度也有重要的影响。根据悲哀的程度不同，可将其分为遗憾、失望、难过、悲伤、极度悲痛等不同等级。悲哀有时伴随哭泣，能使紧张释放，缓解心理压力。在比较强的悲哀中，常常伴随失眠、焦虑、冷漠等心理反应。

3. 愤怒

愤怒是由于外界干扰使愿望实现受到压抑、目的实现受到阻碍，从而逐渐积累紧张而产生的情绪体验。引起情绪愤怒的原因很多，恶意的伤害、不公平的对待等都能引起愤怒的情绪。愤怒的产生取决于人对达到目的的障碍的意识程度，只有个体清楚地意识到某种障碍时，愤怒才会产生。愤怒的程度取决于干扰的程度、次数及挫折的大小。根据愤怒的程度，可以把愤怒分为不满意、生气、愠怒、激愤、狂怒等。

4. 恐惧

恐惧是有机体企图摆脱、逃避某种情景而又无能为力的情绪体验。引起恐惧的原因很多，如黑暗、巨响、意外事故等。恐惧的程度取决于有机体处理紧急情况的能力。在快乐、悲哀、愤怒、恐惧四种基本情绪中，快乐属于肯定的、积极的情绪体验，它对有机体具有增力作用，而悲哀、愤怒、恐惧通常情况下属于消极的情绪体验，对人的学习、工作、健康具有消极的作用，因而应当把它们控制在适当的水平上。但在一定条件下，悲哀、愤怒、恐惧也可以起到积极的作用：战场上的愤怒有利于战士勇敢战斗；对可怕后果的恐惧有利于个体提高责任感与警惕性；悲哀可以使人化悲痛为力量，从而摆脱困境。

（二）情绪的基本状态

情绪状态是指在某种事件或情境的影响下，在一定时间内所产生的一定情绪状况。通常来说，人的一切心理活动都带有情绪色彩，而且以不同的状态表现出来。最典型的情绪状态有心境、激情、应激和挫折四种。

1. 心境

心境是一种深入的、比较微弱而又持久的情绪状态，如得意、忧虑、焦虑等。其特点表现为以下几个方面。

（1）和缓而微弱，似微波荡漾，有时人们甚至觉察不出它的发生。

（2）持续时间较长，少则几天，长则数月。一般来说，事件越重大，引起的心境越持久。例如，失去亲人往往使人产生较长时间的悲伤和郁闷的心境。

（3）它是一种非定向性的、弥散性的情绪体验，在人的心理上形成了一种淡薄性的背景，使人的心理活动、行为举止都蒙上相应的情绪色彩。例如，人在得意时感到精神爽快、事事顺眼，干什么都起劲；失意时，则整天愁眉不展，事事感到枯燥乏味。

心境产生的原因是多种多样的。个人生活中的重大事件，如事业的成败、工作的逆顺、人际关系的亲疏、健康状况的优劣，甚至自然界的事物，如时令气候、环境景物等都可以成为某种心境形成的原因。除了由当时的情境而产生的暂时心境外，人还能形成各自独特而稳定的心境，这种稳定的心境是以人的生活经验中占主导地位的情绪体验的性质为转移的。例如，有的人朝气蓬勃，愉快的心境在他的生活中便占主导地位；有的人失望忧愁，忧伤之情在他的生活中便占主导地位。对心境起决定作用的是一个人的世界观。

心境有消极和积极之分。积极的心境使人振奋愉快，能推动人的工作与学习，激发人的主动性和创造性；消极的心境则使人颓丧悲观，妨碍人的工作和学习，抑制人的积极性的发挥。人应充分发挥其主观能动性，正确认识和评价自己的心境，消除消极心境的不良影响，培养坚强的意志，增强抗御外界不良刺激和干扰的能力，树立正确的理想和信念，有意识地掌握自己的心境。

2. 激情

激情是一种强烈的、爆发式的、持续时间短暂的情绪体验，如欣喜若狂、暴跳如雷、绝望等。激情有以下四个特点。

（1）激情具有激动性和冲动性。激情一旦产生，人就会完全被情绪所驱使，言行缺乏理智，带有很大的冲动性和盲目性。

（2）激情维持的时间比较短。冲动一过，情绪慢慢减退，时过境迁，激情也就弱化或消失了。

（3）激情具有明确的指向性。激情通常由特定的对象所引起。例如，意外的成功会引起狂喜，理想破灭会引起绝望，黑暗、巨响会引起恐惧，等等。

（4）激情具有明显的外部表现。在激情状态下，人的内脏器官、腺体和外部表现都会发生明显的变化，如暴怒时面红耳赤等。

3. 应激

应激是人在出乎意料的紧急和危险的情况下所产生的高度紧张的情绪状态。当人在紧张、危险的情境下而又需迅速采取重大决策时，就可能导致应激状态的产生。在应激状态下，人可能有两种表现：一是目瞪口呆、手足无措，陷于一片混乱之中；一是急中生智、冷静沉着，动作准确有力，及时摆脱险境。出乎意料的危险情景或面临重大压力的事件，如火灾、地震、突遭袭击时，应激有积极的作用，也有消极的作用。一般的应激状态能使有机体具有特殊的防御排险能力，能使人精力旺盛、思维清楚、动作敏捷，使人化险为夷、转危为安，及时摆脱困境。但紧张而又长期的应激会使人产生全身兴奋，使人的注意和知觉范围缩小，言语不规则、不连贯，行为动作紊乱。在出现意外的情况下，人能否迅速判断情况并作出决策，有赖于人的意志力是否果断、坚强，是否有类似情况的行为经验。另外，思想觉悟、事业心、责任感、献身精神等也是在应激状态下，防止行为紊乱的重要因素。人如果长期处于应激状态，会有害于身体健康，严重的还会危及生命。

4. 挫折

挫折是在个人的行为目的受到阻碍后所引起的情绪状态。挫折是在否定的社会评价和自我评价的情况下发生的。引起挫折的情境可分成主观因素和客观因素。凡是自然界和社会加给个人的困难与限制均属客观因素，如空间与时间的限制，生老病死，自然灾害等；凡是由于个人的条件限制而无法达到目的的情形均属主观因素，如个人的能力低、人格有缺陷、内心存在矛盾和冲突等。同一挫折情境不一定使所有的人都产生挫折心理，这和每个人对挫折的容忍力有关。对挫折的容忍力是指个人遇到挫折时，行为免于失常的能力。换句话说，挫折的容忍力是指个人抵抗打击或失败的能力，这种能力与个人的意志特征和坚强信念有直接关系。人受到挫折后会有各种反应。

（1）攻击性行为。

人受挫折后立即产生的反应多是攻击性行为。攻击性行为，往往是挫折的结果。因此，依据攻击性行为的出现，可以判断挫折的存在。攻击性行为通常表现为两种，一为直接攻击，二为转向攻击。

（2）冷漠。

冷漠包含着愤怒，是愤怒暂时受压抑时以间接方式表示的反抗。研究认为，冷漠在以下四种情况下出现：

①长期遭受挫折。

②个人感到无力无望。

③情境中包含着心理恐惧和生理痛苦。

④个人心理上有攻击和抑制的冲突。

（3）幻想。

幻想有时也叫“白日梦”。它是指个人遭到挫折后，陷入一种想象境界，以非现实的方式对待挫折和解决问题，即暂时离开现实，在由想象而构成的如梦境界中获得满足。幻想对人遭受挫折后的情绪有缓冲作用，可增强对未来的信心；但幻想终究代替不了现实，它不能解决任何实际问题。

人受到挫折后，可能长期被失败的情绪所困扰，久而久之，便会产生一种不安兼恐惧的情绪状态，即焦虑。焦虑有助于解决问题，但过度焦虑会影响身体健康，严重时还可能导致心理变态。

（三）高级的社会情感

1. 道德感

道德感是人们运用一定的道德标准评价自身或他人的行为时所产生的一种情感体验，如敬佩、赞赏、憎恨、厌恶等。人们在相互交往中掌握了社会上的道德标准，并将其转化为自己的社会需要。人们看到一定的言语行为或观察到一定的思想意图时，总是根据个人所掌握的道德标准加以评价，这时人所产生的情感体验即为道德感。例如，当别人或自己的言论、行为、意图符合自己的道德标准时，便产生满意的、肯定的体验；否则，便产生消极的、否定的体验。可见，道德感由人们所掌握的道德观念、道德标准决定。

道德感受社会生活条件的制约，受阶级的制约，但是就全人类来说，是有共同的道德标准的。例如，对社会义务的承担、对国家的热爱、对老弱病残的扶助等，任何社会都是宣传和倡导的。

2. 理智感

理智感是人们认识和追求真理的需要是否得到满足而产生的一种情感。它在认识活动中表现为对事物的好奇心和新奇感、认识活动取得初步成就时欣慰的体验、对矛盾事物的怀疑、错失良机的惋惜、取得巨大成就的欢喜与自豪等。

理智感同人的认识活动成就的获得、需要的满足、对真理的追求及思维任务的解决相联系。人的认识活动越深刻，求知欲望越强烈，追求真理的情趣越执着，则人的理智感越深厚。人的理智感不但产生于认识活动之中，而且也是推动人们探索、追求真理的强大动力。

天文学家哥白尼在回顾自己所走的道路时说，他对天文的深思产生于“不可思议的情感的高涨和鼓舞”。虽然理智感对全人类而言表现出更多的共性，但它仍受社会道德观念和人的世界观的影响，因而，人们对科学的热爱、对真理的追求，都反映了每个人鲜明的观点和立场。

3. 美感

美感是人对客观事物或对美的特征的情感体验。它是由具有一定审美观点的人对外界事物的美进行评价时所产生的一种肯定、满意、愉悦、爱慕的情感。

美感体验有两个鲜明的特点。

（1）对审美对象感性面貌特点，如线条、颜色、形状、音韵、节律等的感知，是产生美感的基础。

（2）对美的对象的感知与欣赏能引起情感的共鸣，并给人鼓舞和力量。

美感具有阶级性与民族性，受社会历史条件的制约，但仍有全世界共同享有的美感。例如，美丽的自然景观能给大多数人带来美感。因此，应当说美感的某些内容是存在共同性的，但是并不能以此来否定美感的阶级性和社会性。

三、幼儿情绪和情感的发展

（一）情绪在幼儿心理发展中的作用

1. 情绪对幼儿行为的动机作用

情绪的动机作用有正反两个方面，积极的情绪可以提高活动的效率，起正向的推动作用；消极的情绪则会降低活动效率，甚至引发不良行为，起着反向的推动作用。情绪的动机作用在幼儿身上表现得特别明显：愉快的情绪不但使幼儿愿意学习，而且学得快；不愉快的情绪则导致幼儿的各种消极行为。为了使各项教育活动取得良好效果，必须让幼儿保持积极的情绪状态。

2. 情绪对幼儿心理活动的组织作用

情绪对幼儿心理活动的组织作用表现为两种功能：组织功能和破坏功能。积极的情绪对心理活动起协调组织的作用，消极的情绪对心理活动起破坏瓦解的作用。例如，有一个实验要求幼儿把各种彩色纸条分别放在颜色相同的盒子里，比较在游戏中与在单纯完成任务的情况下幼儿的注意力持续时间。结果发现，在游戏中四岁幼儿可持续 22 分钟，六岁幼儿可持续 71 分钟，而且分纸条的数量比单纯完成任务时多 50%。在单纯完成任务的情况下，四岁幼儿只能坚持 1 分钟，六岁幼儿只能坚持 62 分钟。可见，游戏中的积极情绪对幼儿心理活动具有协调组织的作用。情绪态度对幼儿的语言发展也有影响。例如，幼儿对代词“你”“我”的含义分辨不清。有一天，有人送幼儿一件喜爱的玩具，姨妈问：“玩具是谁送给你的？”幼儿说：“是叔叔送给你的。”姨妈说：“好！送给我的，我拿走了。”这时幼儿急了，大叫道：“送给我的，送给我的。”在这一刹那，幼儿终于明白了“你”“我”一字之差的“严重”后果。

不同的情绪状态对幼儿的智力活动也有不同的影响。适中的愉快情绪对幼儿的智力活动有明显的促进作用，而痛苦、惧怕等消极情绪对幼儿的智力活动有明显的抑制作用。痛苦、惧怕程度越大，抑制作用越大。总之，适度的积极情绪有利于幼儿的智力活动，消极情绪对幼儿的智力活动一般是不利的。

3. 情绪对幼儿性格形成的作用

情绪特征是性格结构的重要组成部分，许多性格特征如活泼、开朗、忧郁、粗暴等都和情绪密切相关。情绪在人际关系中也起重要作用。随着年龄的增长，幼儿在一定的、不断重复的情景中，经常体验着同一情绪状态，这种情绪逐渐稳定成为幼儿的性格特征。大约五岁以后，幼儿的情绪逐渐系统化和稳定，如果周围成人此时经常关心、爱护、尊重幼儿，使幼儿体验到安全感和信任感，将有助于促进幼儿朝气蓬勃、活泼开朗的良好个性的形成。如果父母和教师经常要求幼儿帮助别人、关心生病的小朋友，要求幼儿相互谦让、不挤同桌的朋友等，这样就能使幼儿逐渐形成比较稳定的同情心和关心体贴他人的情感。久而久之，这种情感就会成为幼儿个性的一部分。

4. 情绪对幼儿生长发育的作用

情绪不仅影响幼儿的心理健康，还影响幼儿的生理健康。爱的剥夺会影响幼儿的身心发展，过于溺爱也会导致幼儿以自我为中心，不能与他人建立良好关系。儿童情绪被剥夺、缺乏父母的疼爱，会抑制脑垂体激素的分泌，抑制生长素的分泌。儿童长期处于郁闷的情绪状态，其成长发育会受到阻碍。例如，有男女两对双胞胎，男双胞胎由于母亲的拒绝，造成情绪剥夺，十三个月大时的发育水平与七个月大的婴儿水平相当，而女双胞胎得到母亲正常的关爱，在十三个月时发育接近正常。有人称这一现象为“剥夺矮小”。情绪剥夺对婴幼儿正常生长发育的影响是十分明显的。

（二）幼儿情绪发展的特点

随着情绪研究的日益深入，情绪对人的发展所具有的影响作用被大多人所认可。了解幼儿情绪发展的特点，对幼儿进行教育，是教育者的责任。

1. 情绪内容的丰富性

随着幼儿年龄的增长，其活动范围不断扩大，继而也就出现了多种新的情绪体验。例如，幼儿中期逐渐出现的友谊感，幼儿晚期进一步表现出集体荣誉感等。又如，周围成人对幼儿的态度，经常引起幼儿愉快、自豪或委屈等情绪体验；周围的动物、植物甚至自然现象同样也可以引起幼儿的同情、惊奇等体验。

2. 情绪体验深刻化

随着年龄的增长，幼儿的情绪体验逐步深刻。例如，幼小儿童对父母产生依恋，主要是基于父母可以满足他的基本生理需求；年长儿童对父母的依恋，则已包含有对父母劳动的尊重和爱戴等内容。

3. 情绪容易受感染和暗示

幼儿的情绪常常受外界环境的影响、感染和暗示。例如，初入园的小班幼儿常常会看见一个小朋友哭，自己也哭起来，很快大家都会哭起来；看见小朋友笑，也会莫名其妙地笑起来。同时，幼儿的这种情绪发生迅速而强烈。

4. 情绪的稳定性逐渐提高

（1）情绪的冲动性、易变性减少。

幼儿早期由于大脑皮层的兴奋容易扩散，加上大脑皮层对皮层下中枢的控制能力发展不足，因此情绪冲动易变。到了幼儿晚期，幼儿对情绪的控制能力逐渐发展。起初这种对情绪的控制仍属被动性质，即在成人的要求下，由于服从成人的语言指示程序才得到控制。后在日常生活和各种集体活动中，在成人不断的、经常的教育和要求下，幼儿逐步养成对情绪的自控能力，从而使其情绪的冲动性、易变性减少。

（2）情绪变化从外露到内隐。

在幼儿初期，儿童对自己的情绪体验通常不能加以控制和掩饰，而完全表露于外。到了幼儿晚期，随着心理活动有意性的发展，特别是幼儿内部语言的发展，幼儿对情绪的自我调节能力逐步加强，其情绪体验逐渐由外露转变为内隐。

四、幼儿情绪和情感的培养

（一）建立合理的生活制度、创设丰富的生活内容，让孩子处于愉快的情绪之中

依据孩子的身心特点制定合理的生活制度，不仅有利于孩子的身体健康以及良好行为习惯的形成，还有助于孩子情绪的稳定。为此，无论是家庭还是幼儿园，都应为孩子建立起科学合理的生活制度。与此同时，也必须为孩子创设丰富多彩的活动内容，让他们生活在轻松、活泼的多样化的生活环境之中。一般来讲，单调、枯燥的活动容易使孩子疲劳，从而产生厌倦、不愉快的情绪。相反，丰富多彩的生活内容会使孩子产生兴趣，感到快乐和满足。

（二）和谐的家庭生活、良好的情绪示范、科学的教养态度造就婴幼儿的良好情绪

愉快、和谐的家庭生活，亲情的给予对婴幼儿的情绪发展影响极大。事实证明，家庭不和、父母离异，容易造成孩子恐惧、悲观，乃至形成不良个性。婴幼儿的情绪易受感染、模仿性强，因此，成人的情绪示范非常重要。日常生活中若成人经常显示出积极热情、乐于助人、关心爱护孩子等良好情绪，对孩子良好情绪的发展就能起到潜移默化的作用。否则，就会造成不良后果。父母、教师不仅应以身作则，为孩子形成良好情绪树立榜样，同时对孩子的教育、管理应有科学的教养态度，公正地对待孩子，满足孩子的合理需求，帮助孩子适应变化的新环境，坚持正面教育，针对孩子的个别情绪特征给予疏导，不能恐吓、威胁孩子，也不能溺爱或过分严厉地对待孩子，否则会使孩子形成不良情绪和不良性格。

（三）通过文学艺术作品进一步培养孩子的社会情感

文学艺术作品最富有感染力，也最为孩子所喜爱。选择适合孩子年龄特征的、优秀的儿童文学艺术作品，对进一步培养孩子的社会情感有独特的作用。

（四）正确对待孩子的情绪行为，帮助孩子及时疏通和转移不良情绪

不良的生活环境容易造成孩子情绪发展不良。例如，对孩子的冷淡、粗暴容易造成孩子情绪萎缩，适应性差；对孩子不公正容易造成嫉妒；溺爱容易造成孩子情绪激动。在以往的教育活动中，家长和教师往往把孩子发泄内心不满的方式看作调皮捣蛋的行为。其实，每个孩子在生活中都有可能与人发生冲突、受到挫折，从而表现出不良的情绪反应，如面目肌肉紧张、坐立不安、睡眠不好等。为了避免孩子产生严重的不良情绪困扰，家长和教师一定要充分理解并正确对待孩子的发泄行为，不要让其幼小的心灵总受压抑，并且要为孩子创设发泄情绪的环境和情境，培养孩子多样化的发泄方法并学习自我疏导。例如，给孩子设一个"情绪小屋"，让孩子有一个小空间，在那里与好朋友说说心中的小秘密，自由表达自己的情感，或者自己静静地待一会儿，这些都有助于疏通和缓解幼儿的不良情绪。培养孩子多方面的兴趣，引导他们投入到丰富多彩的活动中，是帮助孩子转移不良情绪、学会积极发泄的有效方法。

第二节　幼儿情绪和情感的教育指导

【案例导入】

小丽的妈妈生病住院了，小丽很想去看妈妈，但是大人不允许。过了两天，小丽告诉老师："我到医院去看妈妈了。"

思考：

请分析小丽为什么会去医院。

一、幼儿情绪和情感的家庭教育指导

弗洛伊德认为，早期的经验不但影响着人的身心健康，而且决定着幼儿一生的发展。童年对安全感和不安全感的体验可能影响到幼儿成年后的情感状态。家庭教育是奠定幼儿情感智力的基础。

（一）重视与幼儿的情感交流

父母与幼儿每一次小小的感情交流都是对幼儿进行情感教育的机会。幼儿出生后的几周，就会盯着父母的脸看好长时间，然后泛出一个甜甜的微笑，如果你回应一个笑脸，他会笑得更加灿烂。要抓紧机会向婴幼儿输入高级情感，并引导他输出高级情感。早期的交流主要是靠表情、目光、姿势和语气，而不是语言本身。几个月大的婴

儿就会用凝视和头的姿势与成人交流，告诉成人他是否满足、不快或害怕。如果幼儿对某件事情失去兴趣，便会把头转开；如果他不想让你干某件事，便会把头低下。

（二）关注幼儿的情绪变化

幼儿情绪苦恼，有的父母认为只不过是一件小事，会采取置之不理的态度，而不是利用这个机会增进同幼儿的情感，或帮助幼儿学会处理情绪问题。父母有时也会安抚幼儿的情绪，但用的办法是小恩小惠，只要幼儿不再伤心或生气就行了。然而，高明的父母首先是认真对待幼儿的情绪，努力了解幼儿苦恼的原因。例如，幼儿生气时，父母应引导幼儿冷静，然后努力帮助幼儿用积极的办法安抚自己的情绪。

（三）善良仁爱地对待幼儿

在幼儿闹情绪时，有些父母通常都是声色俱厉地批评指责或予以惩罚。这种肉体和情感虐待，有可能使幼儿泯灭最基本的移情之心。他们长大后，就会产生抗拒和消极的情感与态度。与此相反，父母如果抓住各种机会鼓励子女关心他人，理解其他幼儿的痛苦，天长日久，在善良仁爱的教育下，幼儿自然也具有移情心。

（四）富有积极意义地“约束”

（1）对幼儿的限制和约束应当合理、清楚。如果可能，应写下并公布这些规定。

（2）幼儿开始调皮时要先警告或提醒，以培养幼儿的自控能力。

（3）用表扬和欣赏来肯定幼儿好的行为，鼓励幼儿持之以恒。

（4）防患于未然，及时发现并排除影响幼儿的不良因素。

（5）对于幼儿违反规定和限制，不管其是否故意，都应立即给予适当的、恰如其分的“批评”。

二、幼儿情商的教育指导

幼儿园是否单独开设一门情绪教育课并不是唯一重要的，关键是怎样进行情绪教育以打动幼儿的内心。教师只有对幼儿的各种情绪有清楚的认识，才能控制孩子，才能有意识地对幼儿的情商发展起潜移默化的作用。

（一）幼儿情商的教育模式

1. 情知教育模式

情知教育模式认为，把“情”与“知”两个客观过程有意识地统一于教学活动中，会收到相得益彰的效果。

2. 情境教学模式

情境教学模式是教师运用言语、情感、教学内容以及课堂气氛和环境，造就一个广阔的心理场，从而促使幼儿主动积极地投入学习活动，达到和谐发展的目标。通过生活情境、实物演示情境、音乐渲染情境、图画再现情境、扮演体会情境、语言描绘情境等途径，创设与教材有关的环境，促使幼儿从感受美到热爱美、理解美。

3. 爱的系列教育模式

爱的系列教育模式把爱国之情的培养在幼儿园阶段具体化，即爱幼儿园、爱小伙伴、爱小动物和爱玩具。这一模式把德育的目标体系、内容体系与情感智力结合起来，具有理论上和操作上的推广价值。

4. 艺术教育模式

艺术教育模式包括审美化课程、审美化教学过程、审美创造活动和审美化教育环境四个方面，它是指运用艺术手段影响幼儿感情的发展，强调艺术与科学教育有互补作用。

5. “赏识—成功”教育模式

赏识教育的具体内容是“八个学会”。

学会信任：看到幼儿的长处，欣赏他，以他为自豪。

学会尊重：倾听幼儿说话，并向他请教。

学会理解：和幼儿做朋友，进行心灵沟通，真正理解幼儿的行为。

学会宽容：幼儿出现问题时，成人要进行反思；幼儿有错误时，成人要耐心等待。

学会暗示：利用“比喻”手法，对幼儿的悟性进行开导，启发幼儿进行自我教育。

学会提醒：对幼儿的缺点要对事不对人，不能看到缺点就把整个人给否定了，要在不伤幼儿自尊的情况下鼓励他自己改正。

学会激励：每个幼儿都有优缺点，要看到幼儿的闪光点，满腔热情地激励他，使他的闪光点更加扩大。

学会督促：督促不是监视，不是管制，而是在尊重和信任下的陪伴，要学会陪伴。

（二）幼儿园情商教育要借鉴西方的理论和课程

1. 借鉴西方情绪智力教育的理论

在我国传统文化教育中，情感教育融于传统的道德教育，强调对幼儿毫无保留地关怀，高度重视伦理道德教育。西方国家重视在交往过程中培养幼儿的亲社会行为；我国幼儿伦理价值观念教育实施较早、要求较全、标准较高，对基本情绪的认知教育和对自己情绪状态的认识的研究，与西方有较大差距。英国的夏山学校快乐教育、体谅教育等值得我们借鉴。对于幼儿情绪能力的培养应学习西方先进的理论，重视幼儿自我情绪的认知管理、自我情绪表达及对他人的情绪认知和人际交往能力。

2. 借鉴西方情绪智力的课程

在美国有专门的幼儿情商教育课程，即“自我科学”的课程，在日常教学中、在幼儿解决有争议的问题中训练幼儿的情绪智力。例如，大班的阅读课上有青蛙与蟾蜍的一个故事：青蛙急于想找正在冬眠的朋友蟾蜍玩，就搞了个恶作剧，想让蟾蜍早点醒过来。老师以这个故事引导幼儿讨论：什么是友谊，什么是被人捉弄的感觉，从而进一步在一系列活动中引入有关自我意识、关心朋友的需要、遭到戏弄的感受、与朋友分享情绪等内容。

【思考与练习】

1. 幼儿情绪和情感的发展特点是什么？
2. 如何在幼儿园开展情绪、情感的教育指导？

第五章　幼儿社会性发展及教育指导

【关键词】

社会性发展；社会化；性别角色；教育指导；亲社会行为

【学习目标】

1. 了解社会性发展的基本概念和特点。
2. 理解社会化及幼儿社会性学习的要点。
3. 掌握幼儿性别角色的发展及教育指导。
4. 掌握幼儿亲社会行为的发展及教育指导。

【学习重点和难点】

本章主要讲述幼儿期社会性的发展，重点是掌握幼儿社会化发展的动因，难点是掌握幼儿性别角色、亲社会行为的发展及教育指导，并能够结合实际熟练地应用到生活中。

【内容结构】

- 幼儿社会性发展及教育指导
  - 幼儿社会性发展概述
  - 社会化及幼儿社会性学习
  - 幼儿性别角色的发展及教育指导
  - 幼儿亲社会行为的发展及教育指导

第一节　幼儿社会性发展概述

【案例导入】

国外有媒体指出，中国的小孩越来越不会玩了。他们发现，中国的父母总是希望自己的孩子穿着干干净净，不允许他们做那些可能会使衣服弄脏的游戏。同时，中国很多的年轻父母觉得游戏对于孩子的成长意义不大，为了不让孩子输在起跑线上，应该让孩子花更多的时间来学习画画、英语、钢琴等。

思考：

请结合游戏对孩子的成长作用，分析这些父母的做法是否正确。

一、什么是社会性

社会性是指进行社会交往、建立人际关系、掌握和遵守行为准则以及控制自身行为的心理特性。儿童生活在社会环境中，总要和父母、教师、同伴以及其他人接触交往。儿童在和周围人们的接触交往中逐渐形成并适应各种人际关系，了解自己的和别人的思想、情感及意向，遵守一定的行为准则，并且逐步在社会生活中独立地处理各种问题。这些方面的发展，正是幼儿社会性发展的具体表现。

幼儿社会性的发展，是儿童心理发展的一个重要方面。如果一个儿童只具有良好的感知能力，或具有突出的记忆能力和思维能力，但社会性没有很好发展，缺乏应有的社会交往能力，那么，他的心理发展仍然是不全面的、有缺陷的。他会在适应现实的社会生活方面感到困难，难以处理人与人之间的复杂关系；他不善于用社会准许的行为准则来指导自己的行动；他与社会上的其他人之间会有一层无形的隔阂，他既不了解别人，又难以了解自己，表现为孤独和怪癖；他的个性和行为都将会出现问题。

幼儿社会性的发展，影响着心理发展的各个方面，也直接影响儿童个性的最终形成。因为儿童的个性及其倾向性是在实践活动中形成的，而一切实践活动总离不开社会交往。只有在广泛的、深刻的社会交往中，儿童的一切心理过程才能得到充分的发展和表现，各种能力方能得到充分的发挥，性格才能得到充分的锻炼。因此，儿童的个性才能逐渐形成。

二、幼儿社会性的早期发展

社会性的发展，是从婴儿期开始的一个漫长的过程。

婴儿的微笑、啼哭、认生、模仿等行为的发展，表明他们有和其他人交往的需要和能力，这种交往需要的满足最初取决于父母，尤其是取决于母亲对他们的关心程度。母亲除了给婴儿喂乳、换尿布和安抚婴儿睡觉外，还常常做出呼唤、拥抱、抚摸、微笑等交往性动作。婴儿对这些动作则报以相应的微笑、发声等反应。这样，婴儿逐渐认识到母亲能满足自己的各种需要，于是产生了对母亲的信赖，建立了与母亲之间在情感上的依恋关系。这种依恋关系是儿童与母亲或其他养育者之间最初的人际关系。由于婴儿在家庭中受到父母的关怀最多，因此，父母成了儿童中的权威。父母通过语言、面部表情、动作等施加影响，赞许或限制儿童的行为，而儿童则依从父母的意愿进行活动。这种最初的人际关系对儿童心理的发展有重大的影响。儿童对成人的尊敬和服从的情感以及道德上的一些特点，都和这种人际关系有一定的联系。

儿童与父母以及整个家庭的关系，是儿童与社会发生联系的一种基本形式。因为家庭是社会关系的一部分。良好的家庭关系，家庭成员之间和谐相处，对幼儿社会性的发展有重大的影响。而家庭中父母对儿童进行有意识的教育和指导，家长的思想作风、生活习惯、道德行为等都对幼儿社会性的发展产生直接作用。此外，还须指出，家庭对幼儿社会性发展的影响是在共同生活中实现的，特别是在共同活动中实现的。父母应该和儿童共同活动，相互交往，互相合作，这样才能有效地促进幼儿社会性的发展。

三、幼儿社会性的发展趋势

到了幼儿期，幼儿的运动能力、言语能力和自我控制能力都有了很大发展，他们的社会性也日益复杂和明确。例如，幼儿开始喜欢有组织的集体游戏，喜欢在游戏中扮演一定的社会角色，如“阿姨”“医生”“解放军”等。在一定场合，他们也会表现出对抗行为，或者说“不，偏不”等，对别人的话表示不愿依从、不能接受。此外，幼儿对父母的依赖性也逐渐减弱。通过训练，他们开始学会处理一些困难；在力所能及的劳动中，幼儿还倾向于独立地完成简单的劳动，独立性逐渐形成。在活动中取得成功后，幼儿的自信心会得到增强；在社会交往中，幼儿开始注意妥善处理自己与他人的关系。幼儿社会性发展的总趋势主要表现在以下两个方面。

（一）自我意识的进一步形成

自我意识敏感期

自我意识是一个人对自己本身的认识和看法，也就是说，自己认为自己是个什么样的人，自己能干什么样的事。婴儿是物我不分的，一般要到婴儿末期才能把自己的身体和其他物体区分开来，认识到自己的存在。到幼儿前期，幼儿能把自己和别人区分开来，表明他们开始具备最初的自我意识。在幼儿期，幼儿能在游戏中，尤其是在集体性的游戏中通过别人对自己的反应来认识自己。幼儿在游戏中自选或分配角色时，往往具有一定的标准，如选女孩当“阿姨”，体现出性别标准，选大个子当“解放军”，体现出能力标准。根据这些标准自选或分配角色有助于幼儿自我意识的进一步发展。幼儿自我意识的发展还表现在他们开始产生初步的自我理想。幼儿在社会生活中受父母、教师、文艺形象以及周围人物的影响，开始模仿某些人物的言行，并在游戏中以某些人物自居。这种自我理想是幼稚的、朦胧的，通常又是易变的和缺乏现实性的。但是，幼儿的自我理想是他们在社会交往中形成的一个重要成果。

（二）社会交往活动的日益复杂

幼儿期儿童的社会交往出现的新特点：第一，幼儿活动的独立性开始增强。幼儿不但能生活自理，而且开始能独立地探究周围的人和事，并能提出自己的看法。此外，在游戏中，幼儿开始能独立地排除困难；在力所能及的劳动中，幼儿还倾向于独立地完成任务，而在活动取得成功后，幼儿的自信心会增强。第二，在社会交往中，幼儿开始注意妥善处理自己与他人的关系，因而活动的合作程度不断提高。这个特点集中地表现在幼儿的集体活动中，他们能在一个共同的活动中为一个共同的目的而互相合作、互相帮助。这种合作关系不仅表现在游戏中、劳动中，还表现在真正的社会生活中。例如，住在同一院落的几个幼儿相互联络，共同商量打扫庭院的落叶，为亲人做好事。第三，社会交往的目的性日益明确，因而幼儿遵守行为规则的能力也有所提高。进入幼儿园以后，幼儿开始生活在新的集体之中，在教师的教育和监护下，幼儿的社会交往开始发生新的变化，他们的社会性继续向前发展。

第二节　社会化及幼儿社会性学习

【案例导入】

午睡前，如何让小班小朋友们安静下来呢？首先，要求孩子们解完小便后安静地站在自己的位置上。可是总有一些孩子站得东倒西歪的，嘴里还不停地说着什么，提醒了他们好多次，可还是安静不下来，吵吵闹闹地来到午睡室门口，我笑着哄他们：“谁最安静就请谁先进去睡觉！”可一点儿效果也没有，他们仍旧我行我素，你说你的，他们说他们的。没办法，我只能改用严厉的声音说道：“谁要再讲话就不要进去了！”……还是老样子。无计可施的我却还是固执地“守”在门口，决定要让孩子们安静下来后再进去。这时，另一位老师一边学着小猫的动作，一边轻轻地说：“喵—喵—喵—我们一起来学一学小花猫轻轻地走进午睡室！”话音刚落，孩子们立刻鸦雀无声，都乖乖地学着小花猫的动作，轻手轻脚地走进去了。

思考：

如何看待孩子们的这种行为变化呢？

一、社会化及其动因

幼儿从小到大、长大成人就是一个社会化的过程。所谓社会化，是指个体在一定的社会条件下逐渐独立地掌握社会规范、能够正确处理人际关系、妥善处治，从而客观地适应社会生活的心理发展过程。

(一) 个体社会化的外部动因

1. 家庭

儿童社会化首先是从家庭中开始的，其自我也是在家庭中形成的。

2. 幼儿园

幼儿园作为正规教育机构，对儿童社会化的影响有：师幼交往过程的直接教导；教育活动中儿童的主动内化；幼儿园的校园文化的间接熏陶。

3. 同辈群体

同辈群体的影响，具有松散性和隐蔽性的特点，因而往往在更高程度上控制着个体的行为和态度，具有更大的亲和力，对个体的社会行为及情感体验具有深刻影响。

4. 大众传媒

在信息社会中，个体对大众传媒信息的选择、加工过程直接制约个体的价值取向和生活方式。像《奥特曼》《樱桃小丸子》等动画片无不对幼儿的社会化过程产生深刻的影响。

(二) 个体社会化的内部动因

社会化是个体与社会相互作用的双向过程，幼儿在社会化过程中，内部动因的途径包括以下几个方面。

1. 模仿

模仿是指个体通过对榜样的学习和认同而获得社会行为方式，进而内化为人格品质。

2. 认知加工

认知加工指个体根据已有的认知发展水平及价值取向，同化和顺应社会规范，有选择地吸收，然后加工改造构成自己人格的一部分。

3. 社会角色扮演

所谓社会角色扮演，是指个体通过扮演社会角色获得相应的社会规范，形成自我概念，达到自我定向。

4. 自我强化

自我强化充分体现了社会化过程中主体的监控地位，对自己的某些行为给予暗示。

5. 社会合作

个体通过人际交往，参与群体活动，建立人际关系，即个体从人际关系沟通和群体活动中获得社会规范及价值标准。

二、幼儿社会性学习的特点、途径及教育指导

培养幼儿社会能力的主要策略

（一）幼儿社会性学习的特点

1. 随机性和无意性

幼儿可以在许多活动中随机地、无意地进行社会性学习。

2. 长期性和反复性

幼儿的社会性学习是长期、终生的任务，但幼儿的社会性学习具有可塑性和不稳定性，有时会出现反复。

3. 实践性

幼儿社会性学习是一个不断内化的过程，在内化的最初阶段，只有通过不断的实践才能逐渐内化。

（二）幼儿社会性学习的途径

1. 专门的社会性教育活动

专门的社会性教育活动，指教师依据国家的课程标准和幼儿园教育纲要，有目的、有计划地训练幼儿的社会化行为。

2. 非专门的社会性教育活动

非专门的社会性教育活动，指该活动本来的目的不是要向幼儿进行社会性教育，但这些活动客观上引导幼儿按照社会价值取向、社会道德规范来做事情。

（三）幼儿社会性学习的教育指导

1. 制定幼儿社会性发展的目标

（1）帮助幼儿发展同情心。鼓励角色扮演，去体会另一个人的感觉是怎样的，了解别人的感受。

（2）帮助幼儿学会慷慨、利他行为，并能和同伴分享玩具、经验等。

（3）帮助幼儿体会助人是快乐的。

（4）强调合作妥协的价值而不强调竞争和求胜。

（5）帮助幼儿感觉建立友谊的快乐。

2. 社会性学习具体的教育指导方法

（1）观察学习法。

社会性学习实际上就是指观察学习，又称模仿学习，即人可以通过观察模仿习得新的行为模式。正面的榜样有助于促进儿童的亲社会行为。在观察学习中，替代强化这个概念非常重要。替代强化是指观察者看到榜样受到强化或惩罚，而内心也受到感染，从而影响自己的行为模式。儿童模仿榜样行为的程度取决于榜样的行为是受到了奖赏还是处罚。

（2）强化评价法。

强化评价法，指幼儿在社会性学习中是通过成人和同伴的强化、评价，把别人肯定、认可的行为保留下来并发扬光大，把否定、批评的行为逐渐抑制，最后消退。

教师在运用评价手段时应注意：一是要适度，对幼儿行为应做出客观、公正的评价，不夸大不缩小。二是要尽量引导幼儿从自身体验中得到奖惩。三是要考虑幼儿的个体差异。

（3）体验思考法。

体验思考法是指幼儿在实践中，在与他人交往中有许多体验，幼儿对这些体验通过思考后调节自身的行为，从而获得社会化过程。幼儿体验、思考过程虽然是一个主动过程，但是如果有成人适当帮助，效果会更好。

（4）语言传递法。

语言传递法是指通过语言向幼儿介绍社会行为规范、社会知识，解释道理和理由，以使幼儿获得社会化发展。

（5）角色扮演法。

角色扮演法就是创设现实社会中的某些情境，让幼儿扮演一定的社会角色，表现出与这一角色一致且符合这一角色规范的社会行为。在角色扮演中，幼儿感知角色间的关系，感知和理解他人的感受和行为经验，掌握自己承担的角色所应遵循的社会行为规范和道德要求。扮演哪种角色往往是由环境决定的，而且每种角色都有一些自己的特殊行为模式。

（6）移情训练法。

移情训练法就是通过故事、情境表演等形式使幼儿理解和分享别人的情绪体验，以使儿童在日常生活中，主动地、习惯地理解和分享他人类似的情绪体验。

第三节　幼儿性别角色的发展及教育指导

【案例导入】

小明是家里的独生子，天天被家里人捧在手心里，性格也特别开朗，可是上了幼儿园之后，他变得不爱说话了，原来小明处处跟其他小朋友作对，总是欺负别人，慢慢的，其他小朋友就不理他了，他也渐渐地把自己封闭起来。

思考：

小明为什么会这样呢？

一、幼儿性别角色及性别化的发展

所谓性别角色，是指特定社会对男性和女性社会成员所期待的适当行为的总和。而性别化则是指在特定文化中，儿童获得适合于某一性别的价值观、动机和行为的过程。性别化的发展通常分为四个相互联系的领域。

（一）性别同一性的发展

性别同一性也叫性别认同，是指儿童对其在基本生物学特征上属于男或女的认识和接受，即理解性别。包括正确使用性别标签，理解性别稳定性，一个人的性别不会因发型、服饰等改变。幼儿性别同一性的发展首先从区分男性和女性概念开始，把发型服饰等作为区分性别的依据，而把体型和其他身体特征作为次要因素。当发型、服饰改变后，幼儿认为性别也随之改变。研究表明，1.5 ～ 2.5 岁的婴儿还不知道自己的性别，幼儿性别自认发生在 3 ～ 4 岁左右，幼儿阶段儿童的性别意识是不稳定的。

（二）性别角色观的发展

性别角色观是指儿童对不同性别行为模式的理解。幼儿在形成自身的性别同一性的同时或稍后，就形成了对性别角色模式的认识和理解。3 ～ 4 岁以后的儿童，开始从心理意义上区分性别，如一名 7 岁儿童可能会说，木匠是男人的职业，不适合于女人。更大一些的儿童可能认为，女人只要愿意可以选择从事木匠的职业，反映出儿童对性别角色的理解，逐步脱离表面性而渐趋于深刻化的发展趋势。

（三）性别化行为的发展

在性别同一性形成之前，幼儿很早就表现出对玩具偏爱的性别差异。研究表明，女孩在 2 岁、男孩在 3 岁时就表现出明显选择同性别的玩具。

（四）男女儿童性别化发展差异

有研究者认为，男女性别差异有四项是准确的，即女孩言语能力强于男孩；男孩在视觉空间能力上优于女孩；男孩在算术推理能力上优于女孩；男孩在身体和言语上比女孩更富于攻击性。在对儿童游戏的跨文化研究中也发现，男女儿童两个最明显的性别差异特点：一是男孩游戏比女孩粗野，表现出更多的身体上和言语上的敌对行为；二是男孩和女孩都更喜欢与同性伙伴而不是异性伙伴玩耍。这两大特点从婴儿期不久后就开始出现，一直持续到童年中期。

二、幼儿性别化的理论

（一）生物学理论

生物学理论强调，两性的遗传、解剖及激素的不同导致了他们性别角色的差异。这派理论是从弗洛伊德开始的。他认为，男女的不同心理状态、行为模式都是由不同的生理解剖特点决定的。

（二）社会学习理论

班杜拉认为，性别角色的形成就是观察、模仿同性行为模式的学习过程。在性别定型过程中，男孩倾向于模仿其父亲的行为，女孩倾向于模仿自己母亲的行为。

（三）信息加工的性别图式理论

信息加工的性别图式理论认为，性别图式是指一套关于男性和女性观点的期望，它直接影响着人的行为和思维。性别图式在影响儿童性别化过程中，发挥两个水平的作用，表现为：一是儿童评价信息对自己的性别是否合适；二是当外界信息适合自己的性别图式时，儿童会做进一步的探索。

（四）群体社会理论

哈里斯认为，对儿童性别角色发展起重要作用的是同伴群体而不是家庭，以“双性化”方式教养孩子并不能减少孩子具有相应性别特征的行为和态度。这一理论预测，当另一性别不在场时，性别分化的行为减少。一项研究表明，男孩在场时对女孩的影响：女孩单独玩球时表现得很有竞争性，当男孩加入后，女孩的行为发生了很大变化，她们会显得比较害羞而且没有竞争性。心理双性化理论认为，人是可以双性化的，人既有男性特征，又有女性特征。男性特征和女性特征是两个独立的维度。如果一个人具有大量男性特征，叫作男性性别类型个体；具有大量女性特征的，叫作女性性别类型个体；同时具有男、女两种特征的，称为双性化个体。

三、幼儿性别化发展的教育指导

（一）家庭对幼儿性别化的影响

儿童一出生，父母就因性别不同而有区别地对待，如从取名、选择服饰、玩具，到以后的行为、生活方式要求等，都会有不同的态度。父母也鼓励和强化孩子从事适合于自己性别方式的行动。另外，父亲在儿童性别化中更是起独到作用，父亲作为社会力量的象征是推动儿童性别化发展的决定因素。

（二）幼儿园对幼儿性别化的影响

幼儿在幼儿园接受正规教育，师幼互动和同伴关系是幼儿性别化的重要因素。幼儿园基本上是女教师，因此，对幼儿许多方面的要求往往带有女性化，强调安静、顺从和被动性，而吵闹、果断、竞争性和独立性等适合于男孩的品质，常常是得不到赞许的。这一点，应特别引起教育者的重视。在同伴的游戏活动中，幼儿如果违背了性别角色标准，就会受到同伴的强烈指责，可以说幼儿是在同伴的指责或鼓励中获得性别角色的。

（三）电视、媒介对幼儿性别化的影响

电视中社会对性别角色定型的看法，内化到儿童自己的认知系统中，幼儿无形中接受了社会关于性别角色的定型观念。教师或家长应注意观察幼儿日常生活中性别角色认同情况，适时加以引导。

第四节　幼儿亲社会行为的发展及教育指导

【案例导入】

韬韬，是一个非常聪明的小男孩，有很强的记忆力，学知识很快。他从小跟姥姥生活在一起，老人对孩子照顾得无微不至，从不放手让孩子自己去玩，对孩子百依百顺，老人没有文化。孩子父母虽然都是机关工作人员，但对孩子的教育却顾及甚少，对孩子缺乏必要的指导，多方面的因素导致了孩子在心理方面存在明显的障碍。

思考：

如果是你，你会用什么办法解决韬韬的心理障碍呢？

一、亲社会行为的含义及理论解释

（一）亲社会行为的含义

亲社会行为一般与“援助行为”“积极性行为”和“利他行为”具有同样意义。所谓亲社会行为，是指在社会交往中表现出来的谦让、帮助、合作、共享等有利于他人和社会的行为，是个体帮助或打算帮助其他个体或群体的行为趋向。理想的亲社会行为应该是最大限度地做出对他人有利的行为。

从动机和目的性来看，真正自觉而无私的亲社会行为是人类特有的现象，也称之为向社会行为。路森双把亲社会行为分为两类：一类是自发的亲社会行为，其动机是关心别人；另一类是常规性的亲社会行为，即期望得到自身的好处，或避免别人批评自己而做出善意行为。总之，亲社会行为是个体社会化中较为常见的一种社会行为，也是个体社会化发展的一个重要指标。

（二）对亲社会行为的理论解释

1. 精神分析理论的观点

在精神分析理论看来，亲社会行为既可以是一种内心冲动的表现，又可以是一种对表现冲动的防御。前者，反映了早期良好的母子关系，行为者以慷既热心的母亲自居，当然也以其他助人者自居；后者过分的亲社会行为是一种努力掩盖内心焦虑、罪恶感和敌意的反向防御机能。幼儿期感到援助被剥夺的人，成年后会以极端的利他行为作为对付早期焦虑的手段。

2. 认知发展理论的观点

认知发展理论强调，儿童对自己和他人的理解是亲社会行为发展的关键。有两种认知技能对亲社会行为有影响：一是角色扮演能力；二是道德判断能力。安德伍德和莫尔指出，角色扮演能力高，亲社会倾向也较高。

3. 社会学习理论的观点

社会学习理论强调观察学习、替代强化对亲社会行为的影响。

4. 社会生物学理论的观点

唐纳德认为，亲社会行为是本能的，是人类天性的基本组成部分。其假设是：无论是动物还是人，如果个体生活在一个合作的社会里，就会得到保护和满足他们的基本需要。如果这个假设是对的，那么合作、利他的个体将最有可能生存下来。当然，这个理论也不否认文化和学习对亲社会行为的影响。

二、幼儿亲社会行为的发展

（一）1至3岁儿童亲社会行为的发展

皮亚杰指出，8～12个月的儿童已经产生了妒忌，2～3岁的儿童能自发地赠送物品和玩具。后有人研究也表明，12个月的婴儿已产生了分享行为。

（二）3至6岁儿童亲社会行为的发展

幼儿亲社会行为与儿童的自我意识、社会认知能力的发展密切相关。自发的利他行为，如合作、分享或其他的亲社会行为要到3～6岁才真正出现。研究表明，幼儿已开始懂得什么情境下需要帮助，并有了应该帮助他人的意向，当然幼儿助人观念的自觉性较低。还有学者对幼儿的分享行为进行了研究，研究表明，幼儿对“均分”选择最多，其次是“慷慨”。

国内研究者对于亲社会行为中包括谦让、合作、同情等研究表明，幼儿亲社会行为表现出复杂性。幼儿亲社会观念与亲社会行为发展的一致性，在幼儿阶段表现的不高。学前儿童亲社会观念与行为脱节情况严重。这与幼儿园教育中，注重言语灌输、不重训练的亲社会行为教育有关系。

三、幼儿亲社会行为的教育指导

为了更好地促进幼儿亲社会行为的发展，应注意考虑以下教育措施。

（1）重现幼儿的角色采择能力的培养。研究表明，角色训练对幼儿助人行为及动机水平有重要的促进作用。

（2）通过移情训练来促进幼儿的亲社会行为发展。移情训练可使儿童对他人观点的注意。

（3）成人的示范和教育。成人树立良好的榜样，成人的直接教育和对幼儿亲社会反应的强化，都对幼儿亲社会行为的形成具有促进作用。

（4）文化和电视对幼儿亲社会行为的影响。研究表明，亲社会行为幼儿来自未开化的社会较多，而西方社会幼儿的亲社会行为得分较低。可见，不同文化在赞同和鼓励亲社会行为方面显然是不同的。由于电视对儿童行为的影响日益加深，电视工作者、教育者都应重视电视对幼儿亲社会行为、社会行为的正面或负面影响。

【思考与练习】

1. 如何对幼儿的性别化进行教育指导？
2. 如何对幼儿亲社会行为进行教育指导？

第六章 幼儿问题解决及教育指导

【关 键 词】

问题；主动质疑；“多解”思维

【学习目标】

1. 了解问题与问题解决的含义。
2. 熟悉解决问题的过程。
3. 掌握幼儿解决问题的因素及教育指导。

【学习重点和难点】

本章主要讲述了幼儿问题解决的相关知识，重点是掌握幼儿解决问题的过程，难点是对幼儿问题解决进行教育指导。

【内容结构】

- 幼儿问题解决及教育指导
  - 幼儿问题解决概述
  - 幼儿解决问题的因素及教育指导

第一节 幼儿问题解决概述

【案例导入】

在一次老鹰捉小鸡的游戏中，萌萌和甜甜争执起来，甚至动起了手，老师过来拉开她们问过之后才知道，她们都在争抢着当老鹰，可是老师已经说过规则，即老鹰是轮换着的。

思考：

为什么萌萌和甜甜会打起来？老师拉开她们的做法对吗？

一、问题与问题解决的含义

（一）问题

对问题解决进行研究，首先就要搞清楚什么是问题，认知心理学把问题表征分为三种状态，即起始状态、目标状态和中间状态。起始状态和目标状态是已知的，但是如何从起始状态达到目标状态的路径是未知的，这时就出现了一个问题。在问题解决研究中经常用梵塔问题的例子来做实验。印度的主神梵天做了一个梵塔，它是在一个黄钢板上插三根宝石针。其中一根针自上而下按从小到大的顺序放上了64片金片。64片金片全部移至另一根针上时，世界就会在一声霹雳中毁灭。这个作业要求，在移动金片时，小的压大的，从左边宝石针移到右边宝石针上去。

加涅认为，问题“必须是个体首次遇到的，且无现成的、可回忆的经验加以解决的那种情境”。一般来说，问题都必然包括四种成分：目的、个体已有的知识、障碍、方法。

（二）问题解决

问题解决具有以下三个特征，如表6-1所示。

表6-1 问题解决的特征

特征	内涵
目标指向性	为了达到预定目的，活动指向一定的目标
子目标分解	将最终目标分解成相互联系的子目标，分步解决
算子选择	选择恰当的算子，按顺序有效地运用

(三) 问题解决的理论

1. 试误说

最早利用动物研究解决问题行为的是美国心理学家桑代克。他通过猫走迷笼的实验提出了试误说。这一学说认为，问题解决是由刺激情境与适当反应之间形成的联结构成的，是通过尝试错误逐渐形成的。

2. 顿悟说

格式塔心理学家通过对高级动物猩猩的实验研究，提出了顿悟说，认为人遇到问题时，会重组目前问题的情境结构，以弥补问题的缺口，达到新的完形，从而通过联想形成一种可行的问题解决方案。

3. 信息加工说

问题解决者把一种问题状态改变成另一种问题状态的操作，称为算子。问题解决的过程就是利用算子从初始状态转变到目标状态的过程。

二、解决问题的过程

(一) 理解和表征问题阶段

1. 任务环境与问题空间

任务环境是指某个特定问题的一切可能的知识状态的集合，它包括问题的初始状态、目标状态、中间状态以及可以使用的算子和对算子的限制等搜索路径、搜索图或搜索树。问题空间则是指被试在解决问题的过程中形成的对任务的内部表征。

2. 对问题的理解与问题表征

对问题的理解实质上是一种转换过程，是内部的心理表征。如“和尚爬山”的问题。一天日出时，一个和尚开始爬山到山顶的庙里，行走时快时慢，他到达山顶时刚好日落。在庙里住了几天后开始沿原路下山，也是日出时启程，日落时到山脚。请问：和尚在往返的路上是否曾在一天中同一时刻通过沿路的同一点？答案是什么呢？可以想象成两个和尚，一个上山，一个下山，问题就容易解决了。解决问题的第一步，是确定问题到底是什么。这意味着首先应找出相关信息而忽略无关的细节，对问题进行表征。表征问题的任务是集中问题的所有句子达成对整个问题的准确理解。

(二) 寻求解答阶段

1. 算法式和启发式

要寻求问题解决，就要在问题空间中搜索算子，这里有如下两种途径：

（1）算法式。

算法式是为达到某个目标或解决某个问题而采取的一步一步的程序。它通过与某一个特定的课题领城相联系。

（2）启发式。

启发式是使用一般的策略试图去解决问题。常用的启发式方法有爬山法、目的分析法、逆推法、类比法。

2. 问题解决的内部指导策略

（1）目标递归策略。

目标递归策略的特点是在问题解决过程中，不必用眼睛看具体的东西，只要把内部目标记在脑子里，就可以一步一步循环，最后解决问题。这种策略使短时记忆承受着相当重的负担，因为必须记住最终的目的是什么、下一步应该移动什么、现在走到哪一步了等。

（2）模式策略。

模式策略也是一种内部指导的策略。它没有目标问题，只有几种可能的动作。

（3）机械记忆策略。

机械记忆策略是把正确的一系列步骤死记硬背下来，以此来解决相同的或者相似的问题，这也是一种内部指导策略。

（4）知觉策略。

知觉策略依赖于外界刺激，是刺激指导的策略。

（三）执行计划或尝试某种解答阶段

当表征某个问题并选好某种解决方案后，下一步就要执行计划、尝试解答。一些计算程序，能查出幼儿在解决减法问题中所出现的错误。幼儿计算中存在的错误比教师想象的要多得多，他们总是从大数中减去小数，不管哪个数在上面。

（四）评价结果阶段

当选择并完成一个解决方案后，就应对结果进行评价。评价的方法就是寻找能证实或证伪的解答证据。

三、知识丰富领域的问题解决：专家与新手的区别

（一）专家的知识与知觉特点

在知觉与再认方面，专家之所以能够很快地解决问题，是因为他能够准确地再认熟悉的组块，然后据此在长时记忆中提取相应的知识解决问题。

（二）解决问题中专家和新手之差异

“专家”，一般是指在某个特定领域有几千小时以上的问题解决经验的被试。对“新手”“前新手”就不一样了。因此，专家一步就能解决的问题，而新手要两步才能解决。专家的口语报告短，而且速度快，是因为许多中间的步骤没有在短时记

忆中出现，所以报告不出来。而新手的口语报告多数是与问题有关的、很少提到题外的话。

专家和新手解决问题（如物理问题）的差异可以归纳为以下几点：

第一，专家不注意中间过程，可以很快解决问题；新手需要很多中间过程和有意注意。

第二，专家先明确目的，利用推理或收集信息，从尾到头地解决问题；新手则是从头到尾，一步一步地解决问题。

第三，专家更多利用直觉，即根据生活经验的表征来解决问题；新手则更多的依赖正确的方程式来解决问题。

第二节　幼儿解决问题的因素及教育指导

【案例导入】

子晨是个有名的机灵鬼，他活泼好动，嘴巴特别甜，和陌生人一下子就能相处好，但和小伙伴并不融洽，每天都有小朋友来告状——“子晨打我了”。在活动中，我发现子晨的自制力很差，特别表现在上课时不遵守纪律，在座位上吵闹，影响正常的教学活动。如果老师表扬了别人，他会大声吆喝：“我也坐好了。”但看他的眼神，又非常地想得到老师的表扬。为此，小朋友们都不喜欢他，他在集体中感到很孤单。

思考：

如何看待子晨的行为，如果是你，你会如何引导子晨？

近年来，随着对学前教育领域研究的不断深入，关于幼儿问题解决能力的教育也越来越受到重视。我国颁布的《幼儿园教育指导纲要（试行）》中也明确提出了要培养儿童实际探究解决问题的能力，并且在科学领域的教育目标当中更进一步强调要让幼儿亲历解决问题的过程，从而促使幼儿学会学习，学会生活。而幼儿问题解决能力的提升是伴随着幼儿成长的漫长过程，期间会受到各种因素的影响，包括幼儿自身、幼儿家长、社会环境等。

一、幼儿问题解决的意义

幼儿期是儿童成长与发展的关键期，是人生的奠基时期，这一时期重视其问题解决的能力具有重要意义。

（一）有利于幼儿知识经验的积累

问题解决的过程实际上就是幼儿探索和学习知识并掌握相应方法的过程。幼儿对知识的探索和学习主要是从问题开始的，通过不断地发现问题与解决问题，达到提高认识、获取知识的目的。

（二）有助于提高幼儿的创新意识

幼儿对生活充满向往与好奇，他们具有强烈的求知欲，喜欢接触和探索他们感兴趣的新鲜事物。在探索解决问题的过程中，幼儿可以独立的运用自己已有的知识和智慧去发现问题、分析问题，并围绕问题采取各种措施解决问题，克服所遇到的困难。在这一整个独立解决问题的过程中，幼儿能够获得多种满足，不仅获得了新的知识，还能进一步认识自己，看到自己的力量，获得成功感，这样就能进一步激励他去积极探索、乐于进取和开拓创新。

（三）有助于幼儿交往能力的发展

在许多问题解决的情境中，免不了要涉及与他人的交往。这种问题情境可能是与他人共同合作，也有可能是与他人产生冲突。不管是冲突还是合作，幼儿在利用交往策略解决人际交往问题的过程中，也逐渐发展了他们的社会交往能力。

（四）有利于幼儿的身心健康

许多父母认为，自己的孩子小，根本谈不上什么解决问题的能力。实际上，即使是很小的孩子，也会运用一些策略和办法来解决问题。随着幼儿园教育开始作为正规教育的引导者，幼儿也习得了一些独立解决问题的知识和技能。同时 3 ～ 6 岁幼儿身心的发展以自我为中心，具有主观能动性，遇到问题时，他们愿意自己去“解决”。虽然这种“解决”问题的目标指向并不明确，方法也不一定符合逻辑科学，但是此年龄段的幼儿已经具有独立解决问题的意愿。因此，对于幼儿而言，其问题解决能力的培养与任何年龄段的人具有同样重要的意义。

二、影响幼儿问题解决的因素

（一）知识经验

新研究发现，问题解决更多的依赖对真实信息的掌握。一个人在婴儿期、儿童期、青春期的知识变化，在促成解决问题能力的发展变化中起着决定作用。由于幼儿探索和认识那些大龄儿童或成年人习以为常的信息的时间较少，他们不可避免地在大多数领城内缺少经验，而经验的相对缺乏使得在解决问题时幼儿的成功率远远低于大龄幼儿或成人。安德里安·德·格鲁特对棋手的研究对此提供了很好的证明：经验丰富的棋类高手能够识别新手根本看不出来的套路，当新手苦苦考虑 32 个各自分离的棋子如何摆布时，高手可能正在考虑三种可用的套路。对于高手来说，运棋的问题比新手感觉的要简单得多。此外，高手在多次比赛中积累了丰富的运棋经验，因此能够预见棋局的发展趋势，而新手则不能分析；与新手相比高手记忆存贮的信息最大，存贮熟悉的棋子局模式多，这些差别决定了高手与新手技艺水平的差别。

（二）情绪状态

幼儿在问题解决活动中的情绪状态对活动的效果有直接影响。已有研究发现，高焦虑障碍对儿童在人际问题解决任务和学习任务中的成绩具有破坏性影响。赵金霞研究了 4 ～ 6 岁焦虑儿童的社交恐惧水平与人际认知问题解决之间的关系，结果发现儿童的社交恐惧水平越高，生成替代性问题解决策略的数量越少；策略的有效性、适当性越低；理解行为原因的能力越差。这与已有研究较为一致。

（三）个性特征

从事问题解决活动的主体是人，人的气质性格等个性特征也会影响问题的解决。一个有远大理想、有自信、有创新精神、勤奋乐观、顽强、坚韧果断、勇于进取和探索的人，比一个鼠目寸光、畏缩、懒惰、自负、拘谨、自卑、遇事动探不定的人更能克服困难去成功解决疑难问题。

儿童的气质类型

（四）解决问题的策略

解决问题的策略是指个体在信息加工过程中采用的解决问题的方式、方法。策略是影响问题解决过程的最直接的因素，影响着问题解决的速度和效率。皮亚杰认为，儿童是科学的问题解决者，他们有着一定的科学思维和逻辑推理能力，在问题解决中会运用一定的思维策略。幼儿面对一个问题情境时可以采取多种策略，但选择的策略正确与否是问题能否得以解决的决定性因素之一。同样，在实际教学中，选择的策略正确与否是幼儿能否成功解决问题的决定性因素之一。

【拓展阅读】

聪明的乐乐

6 岁的乐乐在制作汽车时，用大的苹果箱子做汽车的本身，然后想给汽车做轴和轮，为此他找来一根筷子，然后用筷子使劲在车身两侧扎洞，之后把筷子插进去。做完这步后，幼儿看了看车身，和车身比了比，发现筷子不够长（发现问题的真正原因，材料长短比例不适宜；和车身相比，筷子材料过短）。于是幼儿又拿来一根筷子，然后一手一根筷子，分别从车身两侧插进车身，两根筷子在车身里对接。之后，幼儿请老师帮忙，用手把住两根筷子连接的地方，自己去拿透明胶布，在两根筷子对接的地方绕着粘了九圈，这样，两根筷子便连接在了一起，车轴长度也适宜了。

在上面的案例中，幼儿用箱子做好汽车车身后，面临着如何用不够长的筷子做汽车的车轴，在用筷子与车身进行比对后发现，需要两支筷子才能够满足车轴的长度要求。之后，他又很好地利用了透明胶布的黏合作用将两根筷子对接起来，成功地完成了汽车车轴的制作。在活动中，幼儿很好地运用了内在认知的感知思考作用，采用了最为适当的策略使问题得以解决。

三、幼儿问题解决能力的培养

（一）家园合作创设解决问题的机会和条件，丰富幼儿知识经验

有关的研究成果表明：孩子能否成功解决问题，更多地取决于他们的经历而非聪明程度。幼儿由于其年龄特点，知识经验不够丰富，看事物往往简单片面，因此在遇到某些问题时，需要成人给以一定的知识和技能支持，以满足幼儿的需要，从而使幼儿能更好地独立解决问题。另外，在实际的教育过程中，幼儿问题解决能力的培养并不能只靠幼儿园中老师的教育，还要靠家庭的配合。因为，孩子生活中很大一部分时间都是呆在家里的，如果家长不重视培养他们独立解决问题的能力，可想而知孩子的问题解决能力不会得到很大提高。因此，教师与家长应密切配合、经常沟通、保证家园教育的一致性。在教育中结合幼儿园五大领域的内容，充分利用家庭、幼儿园及社区资源、合理进行训练和提高。对于一些特定领域的问题解决，幼儿教师、家长要为孩子创造适当的探索和学习的氛围，让他们多参与、多经历，积累相关经验，促进问题解决。

（二）培养幼儿稳定健康的个性心理，为问题解决提供心理保障

注重幼儿意志品质的培养，帮助幼儿学会坚持，培养幼儿解决问题的耐心和毅力。良好的意志品质包括专注、自律、自信和坚持，不好的意志品质包括任性、胆怯、懒惰和放弃，幼儿在学习独立解决碰到的问题和困难时，良好的意志品质是开启问题的第一把金钥匙。要想达到解决问题的目的，获得最后的成功，还需要一些坚持和毅力。在观察幼儿的行为时，我们经常发现，幼儿对某件事物的好奇往往只是“三分钟热度”。特别是当他们碰到不称心、不如意的事情时就激动不安，如热锅上的蚂蚁，没做好准备就开始行动，急于求成，最后往往不能成功。因此，要想提高幼儿的问题解决能力，培养幼儿坚持不懈、持之以恒的精神是十分必要的。成人可以从幼儿的兴趣着手，选择幼儿感兴趣而又能适应的活动，做深入持久的培养，如可以为幼儿制定与其年龄相适应的，相对严格的生活作息制度，借助成人的督促，培养幼儿的耐心，让幼儿学会坚持。

培养幼儿自信，使其认定问题可以解决。自信心是人生不竭的动力，它能帮助人们战胜自卑和恐惧，以积极的心态面对问题。有的时候解决不了的问题，并不是

问题有多难，而是由于人们缺乏自信，人为地加大了问题难度。其实，只要放下包袱，积极面对，再难的问题也会被攻克。坚定的信心是做事取得成功的关键。幼儿只有信心十足，才能走向真正的独立。作为成人，应该时时鼓励、支持孩子，帮助他们建立自信，让他们觉得自己能行，这样他们才会有尝试独立解决问题的意向。另外，在幼儿进行问题解决的尝试后，无论结果如何，成人都应该给予鼓励。即使孩子尝试失败或者犯了错误，也不应该一味指责批评，打击其自信，而应对其独立解决问题的精神予以肯定并鼓励他再次进行尝试，培养他们探索问题、解决问题的兴趣和自信。

（三）提升幼儿思维策略，提高幼儿问题解决效率

1. 帮助幼儿正确表征问题

孩子用已经学过的知识解决问题，比如画草图、列表等，对于回忆相关信息有很好的作用。库珀和施威勒于 1987 年的研究表明试图将解决问题的计划以及选择这个计划的理由说出来或写下来，可帮助成功地解决问题。幼儿教师在教给孩子相关知识经验的时候，要注意用正确的表征形式，帮助孩子进行理解，这样在以后遇到类似问题时，孩子可以根据学过的知识来解决。

2. 辅导幼儿从记忆中提取信息

因为解决问题需要对原有的知识、原则进行重新整合，所以教师要帮助幼儿从记忆中迅速提取与问题解决有关的信息，并很快找出可以利用的信息，明确问题情境与欲达目标，迅速作出判断。教师一般采用类比的方法帮助孩子回忆以前的相关知识与经验。

3. 鼓励幼儿陈述自己的假设及其解决步骤

教师要培养幼儿从引来别人的言语指导到自行指导思考，然后再让他们用自己的言语表达出来。一般都是教师先给点提示，然后由幼儿自已陈述，以此达到自行强化的目的。需要注意的是，在让幼儿进行解答时，教师要给幼儿充分的时间。实践证明，在时间紧迫的情况下让幼儿做难题效果是不好的，会使幼儿草率了事。另外，教师还要鼓励幼儿验证解答，以免以偏概全，可以做类比练习，加以巩固。

4. 鼓励幼儿主动质疑

教师对幼儿提出问题，相对幼儿来说比较被动。要尽量从教师提问过渡到幼儿的主动质疑，从而激发幼儿提出问题、解决问题的内在动机。因此，要鼓励幼儿主动提出问题，减少限制，形成一种自由探究的气氛。

5. 培养孩子“多解”的思维

“多解”就是指在思考问题、解决问题时，善于变换思维的角度，进行多方位、多层次的思索，灵活变通地寻找多种解决问题的方法。“多解”的思维方法更具有发

散性，当使用一种方法不能解决问题时，可以采用另外的方法来解决。幼儿教师要注意引导幼儿采用不同的方式、方法解决问题，打破思维定势的影响。例如，在幼儿学习分类的活动中，教师给幼儿示范“可以按照性别来分，分为男孩和女孩，也可以按照衣服的颜色来分等”，然后要求幼儿用与教师不同的方法分，最后总结出了几种分类方法，比如按照头发长短、按照穿的是裤子还是裙子、按照是扣子还是拉链……

【思考与练习】

1. 影响幼儿问题解决的因素有哪些？
2. 如何培养幼儿问题解决的能力？

第七章　幼儿创造性学习及教育指导

【关键词】

创造性；综合智慧；实用智慧

【学习目标】

1. 了解创造性的概念。
2. 掌握创造性教育的途径。

【学习重点和难点】

本章主要讲述了幼儿的创造性学习及教育指导，重点是掌握幼儿创造性学习的特点，难点是熟练掌握并运用这些特点引导幼儿成长。

【内容结构】

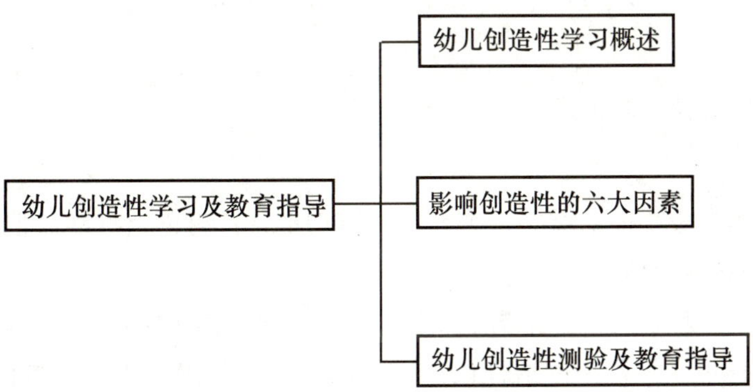

第一节　幼儿创造性学习概述

【案例导入】

让幼儿对自己的绘画或泥工作品同别人的作品作比较性评价。当幼儿知道比较的对象是老师的作品时，尽管那些作品比自己的作品差（实际上是幼儿的作品），幼儿总是评价自己的作品不如对方。而当幼儿被告知比较的对象是某位幼儿的作品时，幼儿则会评价自己的作品比别人的好。

思考：

为什么会出现这种情况？

一、创造性

（一）创造性含义

创造性是根据一定目的在已有知识、经验的基础上，用新颖、独特的方法产生出具有社会或个人价值的劳动产品的心理品质。创造性是通过有创意的作品表现的。有创意的作品具备以下三点。

1. 新颖

新颖即不同于寻常人的、出乎人意料的、令人惊奇的。

2. 实用

实用即有实用性、有价值。

3. 品质

品质即必须有较高的品质。一个人可能有创造性、有创造潜能，但真正做出有创意的作品又是另外一回事。

创造性存在两种状态：一是潜在状态，指创造性以某些心理、行为能力的静态形式存在；二是显现状态，指创造性以创造产品的形式体现出来。只有创造出产品来，创造性才能从潜在状态转化为显现状态，才可以说是真正的创造性。

（二）创造性价值

幼儿创造性价值主要体现在以下两个方面。

（1）幼儿创造性在个体一生中有着重要作用和地位。例如，一些建筑大师回忆童年经历表示，他们在幼儿时期有很好的建构经验。

（2）幼儿创造性对其心理发展具有重要作用。研究表明，创造性可以给幼儿带来心理上的极大自我满足，有利于幼儿形成良好的社会适应能力。

下面是一个关于创造性价值的例子，两个小男孩在森林中遇到一只凶猛的灰熊朝他们冲过来。要了解这两个孩子的反应，首先看看这两个孩子以往的表现：第一个孩子高智商，成绩好，是老师眼中的好学生，老师和家长都认为他很聪明，他自己也觉得自己聪明；第二个孩子没有高智商，成绩也一般，在教师眼中也不受欢迎，有些人觉得他不合群，甚至有人认为他是一个怪人。当灰熊冲过来时，第一个孩子在计算熊的速度与他们之间的距离，居然算出 17.9 秒后追上他们。显然他聪明极了，他回头看同伴时，他惊奇地发现，同伴已脱下登山鞋，换上了跑步鞋。第一个男孩说："你真笨！我们不可能跑过灰熊。"同伴说："你说得很对，我是跑不过灰熊，但我只要跑赢你就可以了。"结果，第一个男孩子被熊吃了，第二个孩子跑到了安全的地方。第一个孩子很聪明，但第二个孩子有创意。我们教育孩子不应该只教书本知识，而应是让孩子能灵活适应世界。

（三）创造性层次

有人把创造性按照从萌发到形成的动态过程划分为三个阶段，即前创造性、潜创造性和真创造性。前创造性是创造性的雏形，如儿童的幻想；潜创造性对本人来说是新颖的、独特的，但人类已发明了或者说只是具有创造成果的可能性；而真创造性是提供给社会有价值的成果。人本主义心理学家马斯洛把创造性分为两级：优秀级，独特的创造性；普通级，自我实现的创造性。

泰勒把创造性分为五个层次。

（1）表现性创造，创造性低级层次的独立表现，其主要特征是自发性与自由活动。

（2）技术性创造，这一层次以熟练精巧为特点，与独创和新颖的关系不密切。

（3）发明性创造，发明反映新颖设计或新的组合，或以新的方法解决日常问题。

（4）首创性创造，意味着革新、标新立异。

（5）杰出性创造，杰出性创造往往具有很复杂的形式，创造出深奥的原理或精深的思想。

幼儿的创造就是善于组织自己的"材料"。幼儿创造性属于表现性创造，是一种了解和接触新事物的"心向"。

二、创造的过程

（一）四个阶段论

华莱士提出创造过程"四个阶段论"。

1. 准备阶段

了解问题性质，形成自己的知识，尝试寻找初步解决问题的方法。

2. 酝酿阶段

将问题暂时搁置起来，个体并没有做有意识的工作，问题解决处于潜伏状态。

3. 明朗阶段

问题解决一下子豁然开朗起来，个体情绪非常高涨，所有困扰一一化解，问题顺利解决。

4. 验证分析阶段

个体对整个创造过程进行反思，并检验解决问题的方法是否正确。

（二）三重境界论

晚清著名学者王国维提出做学问的“三重境界”：

（1）“悬想”阶段，即“昨夜西风凋碧树，独上高楼，望尽天涯路”。

（2）“苦索”阶段，即“衣带渐宽终不悔，为伊消得人憔悴”。

（3）“顿悟”阶段，即“众里寻他千百度，蓦然回首，那人却在灯火阑珊处”。

科学家、艺术家的创造过程无不经过这样的阶段。

下面几个问题的解决就反映出创造的过程：

问题一：《美国科学家》杂志刊登了一文：“在夏天开始时，水塘里有一株水莲花，这株水莲花每 24 小时增加一倍，在第 60 天时，这个水塘充满了莲花。请问哪一天这个水塘是半满着水莲花的？”如果采用逆向思维来思考，就容易解决这个问题。正确答案为“第 59 天”，因为莲花每 24 小时增加一倍，而这个水塘是第 60 天充满了莲花。

问题二：约翰家有 5 个兄弟，每个兄弟都有一个姐妹，假如把约翰太太也算在内的话，这个家庭有几位女性？答案为两位女性，母亲与女儿，这个女儿是五兄弟共同的姐妹。

问题三：一个农夫有 17 只羊，除了 9 只以外，其余都从篱笆破洞跑出去了，请问还剩几只羊？答案为 9 只。

第二节 影响创造性的六大因素

【案例导入】

爸爸妈妈带着 5 岁的小明逛动物园，爸爸和小明比赛数猴子、数老虎、数孔雀……结果每次都是爸爸赢。爸爸想教小明一次数五个、数三个、数两个，可就是教不会。

思考：

小明为什么学不会爸爸教的东西？

一、智慧在创造性中的作用

（一）综合智慧

综合智慧即领悟力，指以新的角度看问题，主要包括以下两点。

1. 对问题重新界定

爱因斯坦说过：“把一个旧问题从新角度来看是需要创意的想象力，这造成了科学上真正的进步。”对问题界定是可以测量的，测量问题解决的正确与速度有两个方法：一是概念投射。有创意的人可以很快从原有的、约定俗成的观念跳到一个不寻常的概念上。二是新奇的类比。如“金鱼对鱼缸就好像猪对______(乌笼、猪圈、优雅、肮脏)”。

2. 顿悟

顿悟是一种看问题的新方法，仿佛突然出现在心头，一个使你感到惊奇和高兴的念头。

现实教育中，糟糕的是老师排斥所有的其他解决方法，只准儿童用老师的方法，如果儿童不同意就一定是错的。这种“心胸狭窄”“目光短浅”的事例很多，都是儿童创造性的大敌。

（二）分析智慧

分析智慧是指看出哪个方法是好的、有前途的想法，然后利用知识把问题解决。它包括基本的分析能力：①了解手边有一个问题需要去做。②找出问题究竟是什么。③采取适当的策略。研究表明，具有分析智慧的人会把较多时间放在整体的、全面的计划上，而花比较少的时间在细节计划上；相反，较不聪明的人时间分配恰好相反。可以说，有创意的思考是需要时间的。有的人领悟力很好，点子很多，但分析智慧差，不知道哪个点子是最好的，或者不能将好的点子付之行动，只是把想法停留在半空中。这是缺乏分析智慧的表现，是无法有创意的。

（三）实用智慧

实用智慧是指能够把自己的创造成果表现出来的能力。

现实生活中，有不少人眼高手低、好高骛远、狂妄自大，就是缺乏实用智慧的事例。找到一个有兴趣的想法是一回事，有足够敏感度了解别人对你的想法是否感兴趣又是一回事。与人沟通最大的报酬，不是说服本来就支持你的人，而是说服原来不相信你的人。这都表现出实用智慧，是创造性所不可缺少的。

二、知识在创造性中的作用

一个人必须具有相当的专业知识，才谈得上有创意。很多人由于缺乏背景知识，而觉得自己是第一个想出某个想法的人。一个非常令人沉痛的例子就是印度数学家拉巴纽安，他花了一辈子的心血“重新发现”了许多数学定理，而他不与外界接触，其实这些定理早已被西方数学家所证明了。

（一）正式知识

正式知识，指某一领域或某一职业知识，是从书本、从正规学校的教育中得来的。正式知识对创造性有什么帮助？这里有五点。

（1）避免重新发明。你提出有新意的，很好的想法，对于一个领域来说，可能早已为人提过了。

（2）帮助你提出与他人不同的观点。

（3）帮助你创造出高品质的作品。

（4）帮助你集中心思去思考新的东西。

（5）从偶然现象中发现创造的源泉。

20 世纪 60 年代，美国出现的“新数学”“新物理”等教学改革运动就是鼓励孩子去思考。但这个改革一败涂地，原因就是没有把知识内容教给孩子。一个好的课程，不仅要教给孩子专门领域的知识，还要教会孩子如何思考这些内容。

正式知识是有代价的，因为知识帮助思考，同时又阻碍思考的发展，即所谓的“固定效应”。歌德说过：“后天习得的习惯是一个没有窗户的城堡，它把看外界的新方式隔绝了。”

（二）非正式知识

非正式知识，指与某一领域相关的知识不是从书本中习得的。如怎样博得上司的好感这类知识，要想获得成功就需了解这方面的知识来帮助适应环境。

日常生活中缺乏的非正式知识，如习惯性拖延时间，不尝试去完成自己不喜欢的工作。为此可以考虑做以下几点：

（1）等到真正想做时再开始。这个忠告没用，因为你永远可能不想做。

（2）花一些时间想想为什么不喜欢做这个工作，然后想法改变自己的心态。这个策略是有效的。

（3）摆脱所有使你分心的东西。假如你想做完某件事，不接电话，不开门，一直到做完为止。

（4）强迫自己开始，每天花一些时间从最容易的部分做起。日常生活中大大小小的顿悟、感想对别人来说没有什么意义，但对儿童来说意义很大。儿童可能不会在科学、文学上有石破天惊的发现，但应用非正式知识就会以完善的方式去解决每一天发现的问题。

三、思维方式在创造性中的作用

思维方式，不是智慧也不是能力，是运用已有智慧的方法。

（一）思维的功能形式

1. 立法形式

（1）做一件事，喜欢计划做什么，怎么去做。

（2）喜欢以自己的方式去做。

（3）做事情没有固定框架。

这是一种有效的、有创意的思维方式。

2. 行政形式

（1）做什么事情都有界限，知道该如何做。

（2）喜欢照指示去做。

（3）喜欢步骤很清楚的计划，只要照做，就有答案。

3. 司法形式

（1）喜欢分析他人行为。

（2）喜欢做可以评估他人的工作。

（3）喜欢能让自己表达意见的工作。

这种具有批判性的思考方式对创造性来说是最重要的。

（二）思维方式的形式

1. 君主型

（1）喜欢做完一件事，再做另一件事。

（2）喜欢做一件事时全力以赴，把所有时间和精力都投进去，不喜欢同时有几个计划。

（3）喜欢一做到底，不喜欢被打扰或被其他事务分心，可以从早到晚不休息。

如果儿童是这种个性，又有创造天才，就应引导他把潜能全部发挥出来。

2. 阶层型

（1）喜欢把所有要做的事先排序，从第一件事做下去。

（2）做一件事，很清楚该从哪点做起。

（3）写作时强调重点，忽略细节。

这类儿童能四平八稳去做事情，比较自觉。大部分有创意的儿童应具备这种特点，因为每个人都不能 24 小时有创意。

3. 寡头型

（1）当有几件事都重要时，总是想办法同时处理完。

（2）有时不能决定该先做哪件事情。

（3）把工作的每一部分都看得很重要。

这类儿童也许有能力、有知识去做创造性工作，但由于不能很快决策顺序，因此无法使他向前，发挥其能力。

4. 无政府型

（1）事先无组织计划就开始做事。

（2）对于有兴趣的问题常让思想自由游荡。

（3）谈到有兴趣的议题时，想到什么就说什么。

这是一种用随机方式解决问题的人。对于创造性来说，无政府形态好坏兼有，好的方面就像天线一样接受各种连续不断的信息；坏的方面是没有自我戒律，很难把天马行空的想法落实到创意上。

（三）思维方式的层次

1. 整体形态

（1）喜欢做没有细节的琐事。

（2）做事强调宏观的视野和整体的情况。

（3）做决定时不考虑细节。

通常只有从烦琐的细节中摆脱出来的儿童，才会看到创意的解决问题的方法。

2. 局部形态

（1）喜欢做需要处理细节的问题。

（2）只有处理完所有细节问题才对作业满意。

（3）写文章时喜欢注意一点，反复推敲，直到所有疑点都解决了。

这类儿童喜欢细节，非常实际、实用，一点不浪费。有创意的人应该比较注意整体，但有时也应注意细节。

（四）教学应用

1. 高、低年级的教师

低年级的教师多立法形态，少行政形态。原因如下：

（1）低年级、年幼的孩子比较吸引立法形态的教师。

（2）高年级由于课程死板又有各种考试，所以教学工作很少自由，因此，高年级教师多行政形态。

总之，低年级教师较有冒险性，喜欢探索，也鼓励儿童做有创意的探索。

2. 不同年纪的教师

年纪大的教师一般属于行政型、局部型和保守型。这三种形态混合在一起就是所谓“权威性三角”，即一个僵化的、不能变通的、没有创意的生活态度，所以说年轻教师更有创意。原因是：①年纪大的教师越来越有权威；②团队效应，多年来的团队效应，老教师趋于一种团体精神。

3. 不同学科的教师

教科学的教师（数学、自然）有局部形态，而人文教师比较倾向于自由型。因为自然科学的东西大都由“事实”构成，不太有随意性，而且要记住细节、知识；人文科学是不断接受不同的哲学理念，而且人文科学反映的现实社会的生活方式也是比较自由的。但幼儿园阶段，孩子接触到的科学概念是初步的，与真正的科学概念是不同的，应该用有创意的教学方法，激发孩子科学方面的兴趣。

四、人格特质在创造性中的作用

（一）冒险性

冒险性是创造性的关键所在。不盲从别人，但最后使自己变成笑柄的可能性是存在的，要想成为一个有创意的人就一定要冒这个险。一般来说，高风险高收益；低风险低收益。研究表明，在绘画领域，冒风险与绘画创意之间有较高的相关性。教育中教师很少鼓励儿童去冒险，无论是安全方面，还是价值观念方面。

（二）面对障碍时的坚持

一个有创意的人需要有勇气站出来，一般来说，越是聪慧的人，想法越是不容易为大家所接受。19 世纪匈牙利医生西蒙·威斯，认为产褥热是产妇接触到外科医生未洗之手的细菌感染而导致的，结果受到同行的强烈抵制，最后自杀身亡。

（三）对含糊不明的容忍

对含糊不明的容忍是指在一个问题还未界定或还未形成解决方法时，就会遇到这种情况。但如果想使创造潜能发挥到最高点，就需要容忍含糊不明状态的不舒服感觉，直到你的产品达到最满意的效果。

（四）接受新经验

人本主义代表罗杰斯认为，开诚布公地接受是创造性的关键。科斯塔研究认为开放的人是对自己的内在自我及其所生存的世界都感到好奇的人，愿意体验别人不愿体验的经验。开放儿童的六种形态如下：

（1）对幻想的开放，指愿意探索自己内在心灵世界，使他们心智游荡。

（2）对美学的开放，指愿意欣赏、重视各种艺术表达方式。

（3）对感觉的开放，指愿意接受自己的情绪，无论是正面的还是负面的。

（4）对行动的开放，指愿意尝试新的活动。

（5）想法的开放，指有学习好奇心，愿意去尝试新想法。

（6）对价值的开放，指愿意并且可以重新审视其最基本的生活价值观。

（五）对自已有信心

有创意的儿童相信自己，信任自己的判断，不相信别人。自信心的表现如下：

（1）情绪独立：即内心稳重、有意见不随便出口、态度保留。

（2）智慧独立：思考问题时自信十足，不依赖于别人。

（3）社会标准独立：不为世谷习惯所束缚，不附和别人。

总之，自信心是唯一使自己不气馁的精神支柱。假如儿童有信心、有勇气为理想而奋斗，就有机会为自己的创意打出一片天。

五、动机与创造性的关系

要想发挥潜力真正达到创意，这个人一定要有很强的动机才行。这个动机是外在的，如金钱、名誉、地位，也可以是内在的，如自我实现。外在和内在目标一样有效，它使一个人专注于手边的工作。

父母的推力与孩子的自发动力哪个重要？父母总是希望孩子做得更好，但父母的推动力远比不上孩子内心的自发动力。心理学家很早就知道孩子会表现得很好，只要父母偶尔推他一把就好了。假如父母不停地推反而不会成功。在连幼儿园都要竞争的社会里，很难让父母不去拼命地推动孩子。但问题是，一个永远被父母推了才会动的孩子，就永远学不会推动自己。

有时外在动机会逐渐损害内在动机，下面是史登堡 9 岁儿子曾自告奋勇要替他剪草的例子。史登堡非常不喜欢剪草，而他儿子非常喜欢（不了解他儿子为什么喜欢剪草，这大概是一种自发的内驱力、好奇心）。儿子替他剪草，史登堡后来觉得有罪恶感，觉得儿子做工但没拿工钱，于是就塞给儿子一块钱作为工钱。儿子很感激，后来下了雪不必剪草了，大家相安无事。第二年夏天，他再让儿子剪草时，儿子说：“当然可以，但今年我剪一次草要两块钱。”史登堡说：“今年并没有通货膨胀到 100%，不能过一个冬天就涨了一倍。”但他儿子仍不接受，最后双方妥协各让一步，他儿子内心忿忿不平，觉得自己吃了亏。一开始他儿子单纯地喜欢剪草，但后来付钱给他，他就是为了钱而做事了。最后，外在动机超过了内在动机。

六、环境因素在创造性中的作用

环境有时会扼杀儿童的创意。这里有一个例子，幼儿园大班在了解太阳系时，老师想出一个好方法，让幼儿打扮成太空人的样子去探索火星。教师的这个想法很好，但有个小朋友建议，她要打扮成火星人的样子去迎接太空人。老师马上否决了她的提议，说："我们都知道火星上没有人。"这显然不是鼓励创意的做法。当幼儿有了新的想法却被压抑、埋在心里，这是很可悲的事情。

创造性需要一个支持的环境来促进它，还是需要一个低迷的环境来激发它？

（1）人本主义认为，创造性的理想环境是没有压力的友好的社会气氛。幼儿在没有批评的环境里长大，可以自由表达、无条件地被人接受、信赖和友爱，这些有利于创造性发现。

（2）与人本主义相反，环境主义认为，可以用训练去增强有创意的行为。如脑力激荡小组竞赛、奖励，都会对创造性产生正面影响。

不良的环境可锻炼出创造性。像不愉快的生活经验、压力、焦虑等从心理健康来说是不好的，却是创造性发展的基本要素。史登堡认为，一个完全良好的支持环境，不需要人去抗争什么，但对创造性发展来说不一定全是理想的。结论是应该有一个大致良好的创意环境，但里面有些挫折也是必要的。

第三节 幼儿创造性测验及教育指导

【案例导入】

6岁的小丽上大班，她妈妈经常表扬她在家很省心，因为她可以一边画画，一边吃东西，还能一边看小人书、玩积木，几个活动同时进行。老师却反映：小丽在课堂上不能集中精力完成任务，做事情常常半途而废，喜欢玩自己的小玩具，做小动作。

思考：

为什么老师和妈妈对小丽的评价会不同？

一、幼儿创造性测验

幼儿创造性测验是依据幼儿操作结果来评定其创造性水平的。

(一)幼儿创造性测验的方法

1. 主观评定法

主观评定法是指由专家或研究者按照一定的标准，对幼儿的创造性进行评价的一种方法。如传统的测验，短时间内说出砖头的用途，幼儿有多种回答，“砖头可以造楼房”“砖头可以铺路”“学武术的人可以用手指将砖头钻个孔”等。对幼儿的这些回答做出评定确定其创造水平。

2. 作品分析法

作品分析法是指幼儿按要求完成作品，并对作品进行定性和定量分析，从而鉴定其创造性水平的方法。以作品为中心的测验包括写作、绘画及科学。如幼儿绘画作品“以昆虫眼光看世界”，表现出较高的创造性。画中昆虫有复眼，包括许多个眼睛，从其复眼里可看到对昆虫生命有威胁的东西——一罐杀虫剂、一只皮鞋、一个苍蝇和一辆汽车等。这是一幅很有创意的作品。

3. 测验法

测验法就是通过心理测验形式对幼儿创造性进行测量的一种方法。如投射性测验，主要通过三种方式对幼儿创造性进行测量。

第一，提供一些不完整的句子或故事，让幼儿自由补充，使之完整。

第二，提供一些简单的线条框架，让幼儿在此基础之上画出完整的图画。

第三，提供一些意义模糊的墨迹图，让幼儿对它加以解释。

(二)托兰斯的创造性测验量表

托兰斯于1966年编制了由12个分测验构成的三套创造性测量表。

第一套是关于言语的创造性思维量表，由7个分测验构成。

(1)提问题。要求受测者列出他对画中内容所想到的一切问题。

(2)猜后果。要求受测者列出图画事件可能的后果。

(3)猜原因。要求受测者列出图画事件可能的原因。

(4)产品改造。要求受测者对一个玩具图形列出所有可能的改进方法。

(5)非常用途问题。要求被试者对同一问题做出尽可能多的回答。

(6)非常问题。要求被试者对同一事物提出尽可能多的不寻常问题。

(7)假想。要求被试者推断一种不可能发生的事件将出现的各种可能后果。

第二套是关于图画的创造性思维量表，由3个分测验构成。

(1)图画构造。要求被试者把一个有鲜艳颜色的图形贴在一张白纸的任何位置上，并讲一段有趣的故事。

(2)未完成图形。被试者以几条简单的线条为开端完成一幅图并加以命名。

（3）圆圈或平行线测验。被试者在短的平行线或圆上尽可能多地画出不相同的图画。

第三套是关于听觉形象方面的测验量表，由两个分测验构成：声音意象和拟声词想象。各种声音刺激都呈现三次，要求受测者分别说出、写出由某种声音所联想到的事物或活动。

二、幼儿创造性学习的教育指导

（一）影响幼儿创造性学习的因素

1. 幼儿创造性的发展特点

研究者用图画、不完整物体图片和墨迹图考查幼儿的创造想象水平，结果发现：4 岁幼儿创造想象达到最高水平；5 岁以后逐渐下降。同样，托兰斯研究也表明，5 岁是幼儿创造性发展的下降时期。

2. 幼儿创造性学习的特点

创造性学习是指保护和培养幼儿创造性学习的方式，强调幼儿学习的主体性和能动性，强调自我建构、自我发现。幼儿创造性学习具有以下特点。

（1）幼儿的创造性学习主要体现在创造性游戏中。游戏的不确定性给幼儿带来了问题，从而使他们获得解决问题和做出决定的能力。

（2）幼儿的创造性学习主要借助于想象来实现。在创造性学习过程中，创造性想象的作用和地位很突出。

（3）幼儿的创造性学习受情绪影响大。在创造过程中始终是充满积极情绪的，鲜明的情绪是激发幼儿强烈创造需要的基础。

3. 教师的态度

幼儿园能够提供一个安全、自由和富有刺激的教育活动环境来培养幼儿的创造性，在这里，教师的态度最重要。教师应具备的特点包括以下几个方面。

（1）教师本身具有创造性。

（2）教师有强烈的求知欲。

（3）创设宽容、理解、温暖的班集体环境。

（4）具有与幼儿在一起共同学习的态度。

（5）注重对创造活动过程的评价以激发幼儿的创造渴望。

传统教育思想中的教师表现出的消极因素包括以下几个方面。

（1）过分追求成功。这使得幼儿过多寻求优异成绩，以获得教师与同伴的承认，削弱了个人的创新。

（2）以同龄人的行为作为楷模，其后果是使幼儿不断修正自己的行为，控制自己，使自己与榜样行为一样，削弱了创造的主动性。

（3）禁止幼儿怀疑或提问。

（4）教师不能容忍幼儿嬉戏的态度，把幼儿的幽默与诙谐看成是对学校纪律与秩序的违反。

（5）对创造行为抱有偏见，把它看成是一种变态行为并进行讽刺和讥笑。

4. 课堂气氛

课堂气氛指课堂教学中幼儿所表现出来的情绪状态。开放式的课堂，包括在空间上的灵活性、幼儿对活动选择的主动性、学习材料的丰富性及开展小组活动等。这种气氛有助于幼儿进行批判性探究，发展幼儿的好奇心和冒险精神。

5. 同伴关系

在同伴团体中，幼儿处于一种平等、非权威的气氛中，幼儿之间具有极大的吸引力，有助于幼儿互相模仿、学习对方的创造方法和技巧。

6. 幼儿的内在特点

（1）注意力的持久性，在创造性学习中，幼儿注意力稳定的时间较为持久。

（2）喜欢对事物加以组织并条理化，不能忍受事物间的不协调。

（3）能从不同角度了解事物。

（4）游戏活动前对教师的指导很感兴趣。

（5）幼儿的创造性思维往往有暂时的沉默与犹豫。

（6）对观察、探寻和操纵物体有一种不可遏止的倾向，这种倾向可能就是成人的好奇心，创造发明的萌芽。

（7）喜欢以幻想作为学习与解决问题的方式。

（8）喜欢编故事和作曲。

相反，幼儿不适宜创造性的人格特点如下。

（1）胆怯，会导致幼儿害怕失败，放弃努力。

（2）过分自我批评，消极的自我概念、自我无助感使幼儿的思想过于呆板，缺乏想象力。

（3）懒惰，天才来自勤奋，懒惰使幼儿无所作为。

（4）从众，害怕与众不同，易受外界影响，因而倾向于不独立思考，不相信自己独立思考，最后变得唯命是从、人云亦云。

（5）狭隘、人格结构不和谐，难以有所创造。

（6）刻板、固执和偏见使幼儿目光短浅、思想僵化，往往不易接受新事物、新观点。

（7）骄傲，使幼儿观察力的敏感度与思维紧张度降低，缺乏好奇心和上进心。

（二）幼儿创造性教育途径

1. 提供给幼儿自我表现的材料

自我表现的材料是指教师为发展创造性而给幼儿提供的绘画、描图、泥工、绣花、舞蹈等活动材料。开展这方面活动的教师应注意以下几方面。

（1）教师在自我表现材料的活动中应尽量不干预。

（2）教师应理解和尊重幼儿的现有发展水平，以重视幼儿操作活动的过程为主，而不是结果。

（3）教师应给幼儿提供足够的时间和空间，并给予正确的评价。

（4）教师应给有疑虑的幼儿不参与活动的权利。

（5）教师要对自我表现本身进行评价。

2. 创造性思维训练

创造性思维训练的模式有很多种，如威廉斯的创造与精致教学模式、吉尔福特创造思维模式、泰勒发展多元才能的创造性思维教学模式等。这类教学和训练强调幼儿的自由与创造过程。

对幼儿的创造性思维训练可以在教师指导下进行。具体来说，一方面在幼儿园教学中采用创造性教学形式，如在美术教学时让幼儿填补图形。另一方面每天给幼儿训练题目，促进幼儿在流畅性、变通性和独创性方面的发展。

3. 教师的有效教育

（1）教育者必须确信每个幼儿都有创造性。

幼儿的创新、创造就在于他用自己的眼睛、大脑去发现自己不曾知晓的一切。因此，教师应将工作的重点放在激发幼儿自主观察、想象、表达和动手操作上，并以此培养幼儿对生活、对自然以及对社会的探索欲望和精神，为未来创造性发展打下坚实的基础。

（2）确立幼儿的主体地位。

在以往的实践中，教师对幼儿活动过程的价值重视不够，对幼儿活动结果评价过严，缺少宽容与鼓动，对幼儿活动过程控制程度过高，常常以自己的主导作用替代幼儿的主体地位，成了幼儿创造性萌发的羁绊，因此，解放幼儿，让其用自己的眼睛去观察世界，用自己的语言表达所想，用自己的头脑去思考问题，用自己的双手去感受自然和社会，这些是最重要的。这样成长的幼儿就会具有创造性。

（3）坚持在生活中培养幼儿的创造性意识。

幼儿学习的是生活经验而不是系统的知识，生活本身就是幼儿园的课程。幼儿园活动、游戏和教育活动都是幼儿创造性教育的途径和载体，不能单纯依赖某一领域教育来培养幼儿的创造性。

【思考与练习】

1. 影响幼儿创造性学习的因素有哪些？
2. 如何理解托兰斯的创造性测验？
3. 幼儿创造性教育的途径有哪些？

第八章　个别差异、群体差异及教育指导

【关键词】

个别差异；群体差异；多元智能理论；社会经济地位

【学习目标】

1. 了解智力、人格的个别差异。
2. 了解和应用多元智能理论。
3. 掌握幼儿学习方式的个别差异及教育指导。
4. 理解幼儿多元文化教育的具体意义。

【学习重点和难点】

本章主要讲述了幼儿的个别差异和群体差异；重点在于掌握学习方式的个别差异及教育，幼儿学习差异方式具有多元性；难点在于多元智能理论，对学习方式教育的学习和应用。

【内容结构】

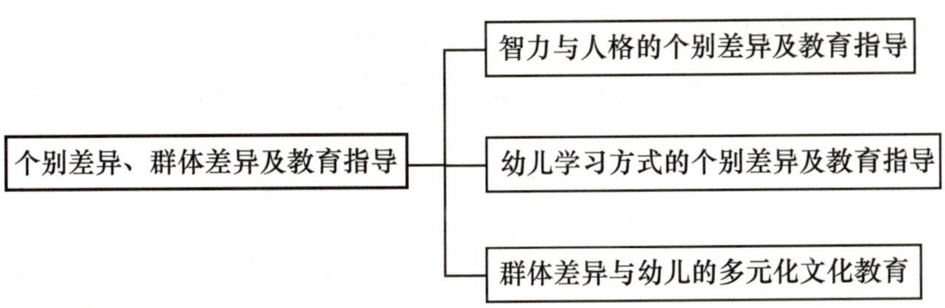

第一节　智力与人格的个别差异及教育指导

【案例导入】

为了帮助幼儿理解“助人为乐”，王老师编了一个小故事并请几个孩子表演，让全班小朋友看见故事里的哥哥、姐姐因为帮助别人而快乐的样子。

思考：

老师为什么要这样做？

幼儿发展的个体差异性及教育

个别差异即个体之间在稳定的心理特点上的差异，包括性格、能力或兴趣等的差异。在实际学习的情境下，儿童的个别差异表现在智力、能力倾向、性别、学习方式以及学习志向水平上。

一、智力的个别差异

儿童智力怎样开发

（一）智力水平的个别差异

研究表明，人的智力水平呈正态分布。大约有70%的人属于常态智力，28%的人属于较高或较低的智力水平，另有2%的人属于智力超常或智力超低。

（二）智力结构的个别差异

1. 分析型、综合型和分析综合型

这是根据知觉过程的特点而划分的。分析型的人知觉分析能力较强，对事物细节能清晰感知；综合型的人知觉的概括性和整体性较强；分析综合型的人则兼具这两方面的特点。

2. 视觉型、听觉型、运动型和混合型

这是根据记忆过程中感觉通道记忆效果而划分的。视觉型的人视觉记忆效果最好；听觉型的人听觉记忆效果最佳；运动型的人动觉记忆效果最理想；混合型的人各种感觉通道记忆效果均衡。

3. 艺术型、思维型和中间型

这是以高级神经活动中哪种信号系统占优势而划分的。艺术型的人第一信号系统

占优势；思维型的人则第二信号系统占优势；而中间型的人两种信号系统比较均衡。

二、教学组织形式的编组

儿童之间智力的个体差异极大。一个随机组的 6 岁儿童上学时，他们之间的智龄竟相差 4 年以上。为了适应智力或人际关系的个别差异，出现了几种教学组织形式。

1. 按年龄或年级分组

在同一年级中，学习同样的内容，但智力年龄差别为 4 岁，而其成就测验或心理年龄的差别甚至更大。这说明，按年龄编组是有很多问题的。

2. 同质分组

同质分组指按照智力、成绩进行编组或编班，这种分班的优点，对某些学科学习有好处，但常常是弊病多于优点。同质分组客观上给儿童贴上不同的标签，容易使程度高的儿童骄傲自满，使程度低的儿童感到羞辱和受挫；而这种做法，仍然解决不了分化的问题，因为很难找到一种理想的分组标准。

3. 留级与跳级

这是缩小班内儿童能力差距的方法。留级使儿童有第二次学习的机会，但效果并不理想，多数留级者成绩并无多大进步，甚至比原先更差。这与留级有损自尊心有关。而跳级的情况会好得多，跳级的儿童学习能跟上，然而身心发展容易出现问题。

4. 按社会人际关系编组

社会人际关系编组指的是按照人际关系，把那些在一起相互感觉不错的儿童分在一个组里。这种做法有利于开发儿童的潜能。

三、多元智能理论

（一）多元智能理论的意义

加德纳等人认为，智力并非只有语言文字能力和数学逻辑能力两种形式，而是存在着多元智能。现实中，若仅根据语言文字能力和数学逻辑能力两种形式来判断儿童智能的高低，那么奥运冠军很可能在文化考试中不及格。如果就此判断奥运冠军智能低，显然是不合理的。人类具有的多元智能有八种。

【拓展阅读】

加德纳的多元智能

1. 语言智能

语言智能指用语言进行思维、表达以及欣赏语言深层次内涵的智能。

2. 逻辑数学智能

逻辑数学智能指人能够计算、量化、思考、命题和假设，进行复杂数学运算的智能。

3. 空间智能

空间智能指运用三维空间进行思维的智能。如建筑师、艺术家等，就拥有这种智能。

4. 身体运动智能

身体运动智能指灵活运用自己身体（四肢）去解决问题的智能。如运动员这方面智能就较好。

5. 音乐智能

音乐智能指感觉音调、节奏、音色的智能。

6. 人际交往智能

人际交往智能指能理解别人、与别人进行交往的职能，如外交家等。

7. 自我认知的智能

自我认知的智能指建构正确的自我知觉，并善于用自己的计划指导自己的人生。其特点是有自知之明、自我感觉良好、能自我激励和确知自己的不足等。

8. 自然观察的智能

自然观察的智能指对自然界实物进行观察、分辨及分类的智能。

（二）以多元智能理论进行幼儿教育指导

1. 多元智能理论的教育指导价值

多元智能理论不仅颠覆了在西方盛行数十年的斯坦福——比纳智力测验，还超越了斯腾伯格的智力三元理论，给教育带来的影响是革命性的。其理由如下：

（1）多元智能的提出无疑是对现行教育体制的一次挑战。

既然智能存在着多种表现形式，那么，我们就不能只专注儿童语言文字、数学逻辑能力。教育是为了更好地促进人的发展，有必要为儿童存在的其他各项智能发展提供空间和舞台。这将是当前课程改革的大趋势。

（2）每个儿童都有多元智能，但每个儿童又各有长短。

现行教育体制采取的整齐划一的教学模式显然应改进。加德纳的改进方式是，建立一个以个人为中心的教育机构，教师根据个体差异安排教儿童学习内容，选择那些适合其智能特点、文化背景及生活方式的学习任务，使每个儿童尽可能实现最完美的自我。

（3）加德纳对教育评估提出了新的思路。

传统评估方式存在用单一评价模式将儿童“一棒子打死”的缺陷。教师应从多方面评价儿童的智能。

2. 发挥教师多种角色的作用

（1）评估专家：第一角色。

作为评估专家的教师，任务是对儿童在学校中表现出来的特别才能、倾向和弱点定期给予最新评估，但这种评估不是以标准化考试为依据的，评估要符合以下三种标准。

①必须是智能展示。

②要有发展眼光。

③要与儿童实际活动相关联。

（2）儿童课程代理人：第二角色。

根据智能评估的结果，向儿童提出课程学习建议。儿童对空间智能值长，在科学课就可以给儿童呈现较多的科学图片资料。

（3）幼儿园、社区代理人：第三角色。

代理人要汇集师徒传授、家庭辅导及社区组织等各种学习信息，从教育机构的成功实践中汲取教育灵感，在园内创设一种氛围，使儿童能自由探索新鲜事物和陌生环境。

3. 采用《多彩光谱》评估法

《多彩光谱》评估法是十分重要的，其特点如下。

（1）通过有趣的活动吸引儿童参加。

（2）模糊课程评估界限。

（3）通过活动直接观察儿童智能状况。

（4）评估并提出建议，使儿童通过其擅长的领域来弥补智能相对较弱的领域。

四、人格的个别差异

（一）人格类型差异

我国古代将人的性格分为金、木、水、火、土五种类型。古希腊提出四种气质的体液说。近代主要的人格理论有：荣格的内倾和外倾人格理论；阿德勒的独立型和顺从型人格理论；培因的理智型、情绪型和意志型人格理论；斯普兰格的文化社会类型理论，将人格类型分为理论型、审美型、权力型、社会型和宗教型。

（二）人格特质差异

奥尔波特认为，人格特质可分为一般特质和特有特质。一般特质是指在一定社会文化形态下，所有人都具有的概括倾向，是性格的共同部分；特有特质是指个体生活方式的特定环境造成的，是使个体之间相互区别的主要因素。

特有特质又可分为三类。

第一类，首要特质，代表个体最独特的特质。如某人总的来说是“冷漠的”。

第二类，中心特质，代表个体特质的核心部分。如某人反应“灵敏”。

第三类，次要特质，代表个体在特定情境中表现出来的暂时的性格。

（三）幼儿人格个别差异的教育指导

1. 重视家庭环境对幼儿人格的影响

幼儿的任性、骄横、霸道及以自我为中心等，根源多半是他们在家庭中处于特殊地位，家长过分溺爱或迁就。相反，家长对幼儿限制过多或简单粗暴，会压抑幼儿的主动性，造成幼儿墨守成规、怯懦等消极性格。

2. 良好集体关系对幼儿人格的影响

幼儿园良好的园风、班风对幼儿人格的健康发展很重要。幼儿在班集体中的地位，成人和同伴的态度，都会影响幼儿人格的形成。幼儿性格的可塑性很大，在集体中可以改造幼儿的不良人格特征。如以自我中心的幼儿，在集体中可以学会合作，看到别人的长处，体验集体的力量，最终摆脱个人的自我中心倾向。

3. 幼儿园建立个性心理素质档案

建立个性心理素质档案是幼儿人格培养的有益尝试。研究表明，人格档案包括情感、意志、自我意识及社会性等指标。对每一个幼儿的个性发展状况进行评价后，教师能够有的放矢地进行人格教育。

第二节　幼儿学习方式的个别差异及教育指导

【案例导入】

津津4岁，妈妈用看图识字的方法教津津识字，发现不理想，又在白纸上手写汉字，让津津逐个认读，效果依旧不理想，后来她又买来一套无图识字卡片，并采取了激励措施：每天认识10个字，就可以得到一颗“小星星”，起初，津津很有兴趣，可是好景不长，很快津津就失去了兴趣，虽然能认识200多个汉字，但还是不能独立阅读。

思考：

津津为什么学着学着就没兴趣了？

幼儿学习差异的类型

一、感觉通道的学习方式差异及教育指导

感觉通道是指学习者对视觉、听觉和动觉的偏重程度。有些儿童善于通过读（看）来学习；有些儿童善于通过听来

学习；还有些儿童则善于通过做来学习。有些儿童喜欢以从容不迫的速度来学习，而有些儿童则在一定压力下学习效果最好。有些儿童喜欢在地板上踱步，有些儿童则只有在椅子上最能集中思想。有些儿童喜欢平静和安定，有些儿童则能够在嘈杂和喧闹中有效地工作。

教育指导应注意以下几点：

第一，听觉型学习者偏重听觉刺激，对语言、声响、音乐的接受力、理解力强，在看书时甚至戴着耳机听音乐。对这类儿童，可多用听觉输入方式进行教学。

第二，动觉型学习者喜欢接触、操作物体，对动手参与的认知感兴趣。教师用手拍拍他的头表示赞赏所产生的效果要比口头表扬好。

第三，视觉型学习者对视觉刺激敏感，习惯于视觉接受学习材料，如景色、相貌、书籍、图片等。有的学习者不适应教师的讲授和灌输。

二、与学习有关的生活方式差异

(一) 正规化方式

在正规化方式下，活动价值和观念都出自正规教育。这种方式强调坚特原则和遵守纪律，适合于喜欢秩序、常规和喜欢明确应该做什么的儿童（或教师）。

(二) 社会中心方式

以社会为中心方式的活动是在社会的相互影响下与其他人取得一致而进行的，所选择的课堂组织是以班级为中心的。

(三) 个人至上方式

在个人至上方式中，活动是出自个人的经验和感情。儿童生长和发展起因于增长的自我觉悟和自主（自治）性，所选择的课堂组织则为自我引导式的儿童的生活方式与教师的生活方式一致，学习就会得到促进，但这种匹配安排起来比较困难。

【拓展阅读】

学习中认知方式差异综合模式

1. 具体体验式

强调发散思维和想象。教学策略是自由发言和小组讨论，用以激发他们的创造性思想。

2. 概括抽象式

学习者喜欢处理抽象的观点和概念，具有理性或逻辑性。针对这种学习方式的讲座是较为适宜的教学方法。

3. 主动实验式

学习者对理论在实际中的应用感兴趣。

4. 反省观察式

强调主动探索和具体体验，比较适合的教学策略是实验室工作和现场研究。

三、认知方式的个别差异

认知方式，一般用来描述儿童加工信息时所习惯采用的不同方式。其主要特征包括两点：一是持久性，即在时间上是一个相对稳定的过程；二是一致性，即在完成类似的任务时始终表现出这种稳定性。

（一）场依存性和场独立性

人的知觉受环境因素影响大者称之为场依存性；知觉不受或很少受环境因素影响者称之为场独立性。前者是“外部定向者”，基本上倾向于依赖外在的参照；后者是“内部定向者”，基本上倾向于依赖内在的参照。在学习方面，场依存性儿童对人文学科和社会学科更感兴趣；而场独立性儿童在数学与自然科学方面更擅长。

在强化方面，场依存性儿童较易于接受别人的暗示，学习努力程度受外来因素的影响；而场独立性儿童在内在动机作用下，时常会产生更好的学习效果，尤其表现在数学成绩上。

在教学方面，场独立性强的教师喜欢数学和自然科学各科，喜欢讲演。在讲课时，注意教材的结构和逻辑，偏向于使用正规的教学方式；而场依存性强的教师使用结构不那么讲究的方法，喜欢与儿童相互作用，喜欢采用讨论的方法。

（二）反思性和冲动性

冲动性思维的儿童往往以很快的速度形成自己的看法，在回答问题时反应很快；反思性思维的儿童则不急于回答，在做出回答之前，倾向预先评估各种可替代的答案，最后给予较有把握的反应。冲动性思维儿童一直有一种迅速确认相同图案的欲望，急于做出选择，犯的错误多些；反思性思维儿童则采取小心谨慎的态度，做出选择比较精确，但速度要慢些。

从学习的关系来看，反思性儿童是深思熟虑的，喜欢计算分析；冲动性儿童则是根据几个线索做出直觉跃进。反思性儿童表现出更多可能去考虑不同的假设，在完成需要对细节进行推敲的学习任务时，学习成绩较好些；冲动性儿童表现出更多完成问题的策略，在完成需要做整体性解写学习任务时，学习成绩更好些。

【拓展阅读】

儿童个别差异的教学要点

1. 鼓励
(1) 不管你是谁，你将成为什么，我都尊重你。
(2) 我想了解你。
(3) 你是独特而有价值的。
(4) 我相信你。
(5) 当我听你说的时候，我明白了。
(6) 这个地方也是你的。
(7) 我们需要你在这儿。
2. 机会
(1) 今天在这儿，我有重要的事让你做。
(2) 我要求你做的事情是值得做的事情。
(3) 我要求你做的事情经常是很麻烦的事情。
(4) 我要求你做的事情对你来说是新的机会。
(5) 我要求你做的事情会帮助你成为任何可能成为的人。
(6) 要使我们的工作更有效，你起着重要作用。
3. 投入
(1) 我努力使这个地方适合你工作。
(2) 我努力让你表达自己的想法。
(3) 我喜欢思考我们在这儿做的事情。
(4) 我喜欢寻找成功的新途径。
(5) 帮助你成功是我的工作。
(6) 我是你成长中的伙伴。
(7) 我要做的事情可以确保你的成长。
4. 坚持
(1) 你正在成长，但你还需要继续成长。
(2) 一条路行不通，我们可以寻找其他的路。
(3) 我们找出怎么做才能最好。
(4) 这里没有借口，只有支持。
(5) 学习永无止境。
5. 反思
(1) 我会仔细观察你并耐心听你说。
(2) 我保证使用我的知识帮你学得更好。

（3）我试着站在你的立场看问题。

（4）我不断地问："这种伙伴关系怎么样？"

（5）我不断地问："我怎样才能让这个更好？"

（三）整体性和系列性

系列性儿童把精力集中在一步一步的策略上，提出的假设一般来说比较简单，每个假设只包括一个属性。而整体性儿童则倾向于使用比较复杂的假设，每个假设同时涉及若干属性，从全盘上考虑如何解决问题。

与学习的关系是，采取整体性策略的儿童在完成学习任务时，往往倾向于将整个问题所涉及的各个子问题进行预测，视野比较宽，能把一系列子问题组合起来，而不是一碰到问题就立即着手一步一步地解决。采取系列性策略的儿童，一般把重点放在解决一系列问题上，十分注重其逻辑顺序。

总之，对学习方式的差异，可以做的就是改变课堂的教学方法，课堂的结构和材料的组织都与学习方式的变化有关。教师的教学应尽可能与儿童的认知方式相适应。

第三节　群体差异及幼儿多元文化教育

【案例导入】

老师让幼儿把画有"手套""脚""袜子""手"的4张图片分成两组。小强分成"手套"和"手"，"脚"和"袜子"两组。其理由是：手套是戴在手上的，袜子是穿在脚上的。小明分成"手套"和"袜子"，"脚"和"手"两组。其理由是：手和脚是人身体上的东西，手套和袜子是服装类。

思考：

小强的分类对吗？他为什么要这样分类？

一、群体差异与幼儿教育

（一）群体差异的定义

群体差异是指幼儿在社会经济地位、性别、种族、民族、语言、年龄特征等方面的差异，这种差异可能会影响到幼儿的心理发展和学业成绩。

（二）群体差异的表现

1. 社会经济差异及教育指导

社会经济地位没有单一、确定的概念。心理学家把社会经济地位定义为由收入和受教育水平所决定的、对个人社会阶层水平的量度。社会学家们则根据个人收入、职业、受教育程度和社会声望等诸多因素来界定社会阶层或社会经济地位，儿童间差异的一个重要方面就是社会阶层的差异。有证据表明，孩子的学业成绩与家长的收入呈正比，家长的收入越低，孩子的学业成绩也越低。有经验的教师所要做的是要打破这种恶性循环，帮助那些社会经济地位低的儿童跳出贫困和低成就的怪圈。那么，社会经济地位的差异是如何影响幼儿的学业成绩的？其中有多种因素。

（1）不良的育儿实践。

贫困家庭的幼儿很少接受良好的健康护理，这类幼儿的母亲也不可能受到良好的孕期护理。种种原因可能延误了其认知发展，进而影响了幼儿的学业准备。

（2）低期望—低自尊。

在美国，由于低社会经济地位，幼儿可能穿旧衣服，说话不合文法，对书籍与学校活动不熟悉，教师和其他幼儿可能以为这些幼儿是愚钝的。教师可能避免叫他们回答问题，以免他们因答错而焦虑不安。在教师的低期望下，这些幼儿渐渐认为自己不擅长学校学习，也有可能产生自卑和羞愧感，从而影响了学业成就。

（3）习得无助。

低社会经济地位，可能使幼儿成为习得无助的牺牲品，他们可能渐渐相信在学校做得不可能的，他们的许多朋友和亲戚从未完成过学业，中途辍学似乎很正常。他们逐渐相信，对他们来说，通过在学校出色表现，是非常艰难的。

（4）同伴影响和反叛文化。

反叛文化即拒绝采用主流社会的行为和态度的群体价值观念和信念。对这种文化的成员来说，在学校的成功意味着背叛，为了保持他们的身份和在群体中的地位，甚至拒绝上课。然而，并不是说所有的低社会经济地位幼儿都排斥成绩，如果父母重视学业成就，他们的幼儿倾向于选择看重学习的朋友。

（5）分层教学。

这些幼儿被编入低能力或普通班级，被指导如何记忆和被动学习。他们的班级是低水平的和以教师为主导的，接受较差的教育，学业技能较低。

2. 性别差异及教育指导

男女儿童在语言能力、语言技能、逻辑过程和直觉思维方面存在明显差别。这些差别的原因在哪里，是生理因素，还是社会的、心理的因素，这是十分复杂的问题。《性别差异心理学》一书，是性别差异研究中最完善、最可靠的经典之作。现代文明发现强调的是，双性化倾向的人更能适应社会。认识儿童不同性别的心理特点以及在教育中如何发挥男女性别中的优势特点，的确是教育者应思考的问题。

许多关于性别角色的传统观念已经开始有所转变，但是性别歧视的现象仍然存在。课堂里的性别歧视表现为，教师与男孩的互动多于女孩，教师问男生更多问题，给男生更多反馈。如表扬、批评和纠正，并给男孩更多明确的和有价值的意见。

教师要避免在语言陈述上的性别刻板效应，如，“男生不哭”以及“女生不打架”等，同时，多鼓励男女合作。大量研究表明，幼儿在语言、空间能力和数学等方面的确存在性别差异，但是许多能力是不存在性别差异的，男女在完成智力任务时并不存在整体差异。

3. 语言差异及教育指导

在课堂上，语言是载体，交流是教学的核心。那么，语言差异如何影响幼儿教育？

（1）方言。

方言是同一语言中因地理区域不同而表现出不同的发音与日常用语。由于历史文化的原因，人们对不同的方言是有尊重鄙夷之分的，从而造成对持有不同方言群体的态度的差异。教师应做到既尊重幼儿不同的方言，又能教授幼儿主流文化中的标准语言，使幼儿能更好地在主流文化中生活，这是非常重要的。

（2）双语。

双语教学现在越来越受重视，在幼儿教育中也越来越流行，但如何开展双语教学没有一个准确、合理、统一的理论。随着全球经济一体化的发展，要让儿童更好地适应社会，学习第二语言变得越来越重要。但是，由于幼儿来自不同的群体，第二语言的学习准备或水平是有差异的。所以，如何兼顾幼儿的差异从而有效地开展双语教学是每个教师需要思考的问题。

二、幼儿多元文化教育的具体意义

（一）幼儿多元文化教育的理论基础

1. 人类发展生态学理论

布朗芬布伦纳认为，人类发展生态学研究的是发展着的个体与其直接生长于其中的变化着的环境之间的渐进、双向的互动，而这个互动过程又受到个体不同的直接环境之间的相互联系的影响，并受到这些环境所处的文化背景的制约。该理论揭示了幼儿多元文化教育的价值和意义。

2. 群体社会化发展理论

幼儿的整个社会化过程中，同伴群体对个体的发展起着决定性的影响。即幼儿的社会化进程受到家长同伴群体和幼儿同伴群体的双重影响，文化由父母同伴群体传递给幼儿同伴群体，文化传递只有经过群体的过滤后才能被个体获得。因此，幼儿教师应有意识地构建幼儿认同的不同群体，引导不同群体的文化取向。

3. 合作学习理论

合作学习是20世纪70年代初兴起于美国的一种富有创意和实效的教学理论与策略。合作学习是指使幼儿在小组中从事学习活动并依据他们整个小组的成绩获取奖励或认可的课堂教学技术。在合作学习中，成员间是互相依赖的，教师又是以总体表现为奖励依据，从而使小组成员形成一个密不可分的整体，这对那些动机、毅力、责任心相对较弱的幼儿会产生积极的群体压力，从而使他们产生学习的动力，提高学习的效果和发展的重要动力。

（二）幼儿多元文化教育的内涵和特点

幼儿多元文化教育的内涵是：在当今多种文化相互融合的社会中，无论幼儿属于何种文化、存在何种差异（包括性别、种族、语言、社会经济地位、学习技能、信仰、态度、价值观、幼儿自身概念以及文化水平等），都能平等地接受教育，获得关于国家主流文化、本民族亚文化及其他少数民族文化的相关知识。

幼儿多元文化教育的特点表现为以下几个方面：

1. 群体差异和多元文化

两者独立存在又相互影响。幼儿进入学校学习，群体差异以及其他群体同感和经验又影响着背景文化。

2. 公平有效的教学理念

教师应减少偏见，建立更为民主和宽容的态度。

3. 知识建构的再生性

教师要让幼儿“知其然，知其所以然”，理解知识是可以与多元文化相联系的。

（三）教师要关注幼儿个体背景的差异

理解幼儿成长环境和文化背景，对课程进行调整。例如，在课程中引入对特定文化的介绍，这种方法会顾及每个儿童。在任何课程材料学习之前先浏览一下，确定其中没有对于人种、种族、性别和残疾等的刻板印象。对幼儿个体差异的关注，包括以下几个方面。

1. 对经济、文化落后幼儿的关注

对所有的幼儿都是尊重、理解、平等的观念，逐渐培养幼儿自尊、自信、自强的观念及能力；

2. 对民族文化、本地文化的利用

教师不要仅局限于教材运用，而应结合民族和本地文化特色，让幼儿学会比较风格迥异的文化，领悟不同文化的特色，发挥创造性。

3. 对少数民族幼儿的尊重

教师要在幼儿游戏、活动和与幼儿家长交往的过程中关注少数民族幼儿的文化背景，并把这些文化特点有机地组织到课程中。同时，要让幼儿尊重来自不同民族的幼儿的母语、方言和文化，培养少数民族幼儿的自尊心和自信心，为他们未来的学业、职业、社会成功做好准备。

4. 对不同性别幼儿的态度

多元文化教育应避免性别刻板印象，对不同性别的幼儿要平等地对待。

总之，教育者需要掌握幼儿智力与人格差异的具体内容才能有效地对幼儿因材施教；了解幼儿认知方式和学习方式的差异，才能进行个性化教学指导。群体差异与幼儿多元文化教育近年来逐步得到重视。尊重幼儿多元文化背景，合理利用不同文化资源为教育服务。

【思考与练习】

1. 如何理解认知方式的差异及教育指导？
2. 如何关注幼儿个体背景的差异？
3. 什么教育方法才能在宏扬文化的多元性基础上保护幼儿的群体差异？

第九章　关于幼儿教育心理学的几种学习理论

【关键词】

行为理论；认知理论；人本理论；折中理论

【学习目标】

1. 了解各个时期学习理论代表人物的理论观点。
2. 理解马斯洛关于学习的基本理论和观点。
3. 掌握、运用罗杰斯的学习理论进行教育指导。

【学习重点和难点】

本章节为重点章节，主要介绍了各个理论的具体内容，重点在于掌握各大理论的主要内容和定律，难点在于将这些理论熟练地运用到幼儿心理教育中。

【内容结构】

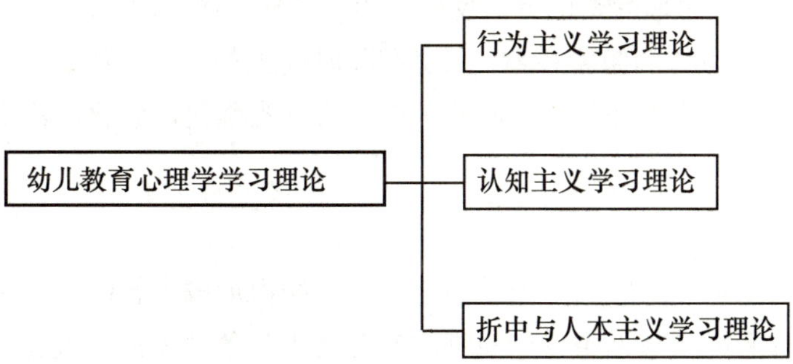

第一节 行为主义学习理论

【案例导入】

当宝宝哭的时候，妈妈在抱起宝宝的同时，用摇鼓弄出声音，宝宝就不哭了，后来，当宝宝再哭的时候，妈妈又用摇鼓弄出声音，宝宝再次停止了哭泣。

思考：

为什么宝宝不哭了呢？

一、早期刺激—反应学习理论

（一）巴甫洛夫的经典条件作用理论

1. 经典条件反射

巴甫洛夫在狗的消化分泌反应实验中发现了条件反射现象。具体地说，食物是无条件刺激物，食物引起狗的分泌反应是无条件反应。当条件刺激物（铃声）和无条件刺激物（食物）多次重复呈现给动物之后，再单独呈现铃声（条件刺激物）的条件下，动物也能对其做出分泌唾液的反应，这种反应就是条件反应，称为条件反射。

条件反射的情境涉及四个事项：两个属于刺激，两个属于机体的反应。两个刺激，第一个是中性刺激，即条件刺激（CS）；第二个是无条件刺激（UCS）。无条件刺激引起的唾液分泌反应叫作无条件反应（UCR），这是在形成条件反射之前就会发生的反应。由于条件刺激的结果而导致的分泌反应，叫作条件反应（CR）。

当中性刺激和无条件刺激紧接着（在空间和时间上相近）反复出现时，就形成了条件反射。中性刺激与无条件刺激在时间上的结合称为强化，强化的次数越多，条件反射就越巩固。

2. 学习的实质

巴甫洛夫认为，条件反射的形成是中枢神经系统内形成了暂时神经联系，学习的实质就是通过条件刺激物与无条件刺激物的配对而引起条件反射的过程。当然，条件作用是一种普遍的学习现象，但它只是一种简单的学习形式。

巴甫洛夫提出了学习上的五大定律。

（1）习得律。

条件刺激和条件反应邻近配对建立起来。

①条件刺激和起强化作用的无条件刺激必须同时或近于同时出现。

②条件刺激作为无条件刺激后即将出现的信号，要先呈现。

（2）消退律。

条件刺激物多次出现，而无条件刺激没有出现，条件反射会消失。

（3）泛化律。

条件反射一旦确立，就可以由类似于原来的条件刺激的刺激引发，如蜂鸣声也会引起狗的条件反射。

（4）分化律。

通过辨别学习，有机体有选择地对某些刺激做出反应，而不对其他刺激做出反应。

（5）高级条件作用。

高级条件作用律是指人的学习是以语言作为第二信号系统而引起的条件反射，“望梅止渴”就是一例。

3. 评论

巴甫洛夫把心理学与生理学结合起来，进行了卓有成效的研究工作，对行为主义有深刻的影响。他的理论在苏联影响巨大，20 世纪 30 ～ 50 年代，其学说达到了被神话的地步。1950 年，苏联科学院、医学科学院召开会议，批判所有与其学说不一致的理论，认为只有这个学说才能揭示一切。

二、华生的行为主义学习理论

（一）行为主义的基本观点

华生认为行为主义的出发点有两方面，一是分析观察到的行为事实；二是研究引起有机体反应的刺激。他宣布对机能主义心理学革命的三个行为主义原则如下：

第一，心理学内容是行为，不是意识。

第二，心理学研究方法是客观的，不是内省的。

第三，心理学研究目标是预测并控制行为，不是对精神现象的解释。

华生认为，心理学抛开心智等内容是可能的。他把思想、意识、内容归属于身体肌肉的动觉反馈。因此，有人讥笑他的行为主义心理学为肌跳心理学。

华生坚信，有什么样的刺激就一定有什么样的反应，这使他成了一个极端的决定论者。他说：“给我一打健康而又没有缺陷的婴儿，把他们放在我们设计的特殊环境里培养，我可以担保，我能够把他们中间的任何一个人训练成像我们这样的任何一类专家，如医生、律师、艺术家、商界领袖，甚至乞丐或窃贼，而无论他的才能、爱好、倾向、能力或他祖先的职业、种族是什么。”

（二）关于学习的研究

华生与其学生萨莉·雷纳在1919～1920年冬做过一次心理学著名实验。华生以11个月婴儿为被试，用条件反射原理进行实验设计，过程如下。

首先，在形成条件反射前，小孩接触过兔子，毫无害怕表现。

其次，当兔子出现后，紧接着就出现一个使小孩害怕的在其脑后敲钢轨的响声，即用锤子在其脑后敲钢轨。

再次，形成条件反射后，孩子对兔子产生了害怕的情绪。

最后，其结果非常严重，孩子对白绒毛的东西感到害怕，如老鼠制成的标本、海豹皮大衣和有胡子的人等。

在华生看来，学习行为大致遵循的就是这样一个过程。

（三）评论

华生的一生都富有传奇色彩。尽管比桑代克年轻，但在20世纪初他比桑代克名声更大，是行为主义的奠基人。后来因私生活被迫离开学校，学术生涯很短。他的行为主义理论使人相信，学习是人一生中发展最重要的决定因素，人的行为个性都是习得的。这个观点对人们很有吸引力，在长达半个世纪的时间里，此理论在北美占有统治性地位。当然，似乎华生是从字面上而不是从根本上否认心理学的意识研究，因为他通过转换来清除意识。但他还是否认意识和主观世界的存在。而巴甫洛夫认为，否认主观意识是愚蠢的。有一位智者曾经说过，心理学在达尔文那里失去了灵魂，而在华生那里失去了思想。

三、桑代克的学习联结说

（一）学习联结说

19世纪末，桑代克就开始进行有关动物学习的实验研究，其中最著名的实验是关于饿猫如何逃出笼子获得食物。在这个实验中，笼子内设有一个开门栓的装置：一条绳子、一个把柄和一个握手。当动物操作这些装置时，笼子门就会打开，动物就能逃出笼子，获得笼子外的食物。

依据桑代克的分析，笼子内部构成了刺激情境，动物对刺激情境能尝试各种可能的行为或反应，试图逃出笼子。实验发现，饿猫在起先几分钟内总是出现大量无关的、不成功的活动，然后偶然碰到开门栓逃出笼子，以后会再重复进行同样的实验过程。

桑代克发现，饿猫逃出笼子做出正确反应所使用的时间，随着实验次数的增多而减少，即起初饿猫逃出笼子费时很多，随后进行尝试后费时渐少，但这种变化是缓慢而不规则的。他认为，饿猫在笼子中进行尝试错误学习，经过多次的尝试错误，饿猫学会了打开笼门的动作。在学习打开笼门的情境中，饿猫通过多次尝试错误，在复杂情境中辨别出门栓（S）是打开笼门的刺激，也就是说，门栓（S）与开门反应（R）

形成了巩固的联系，这时学习便产生了。在大量学习实验的基础上，桑代克提出了学习的联结说，又称尝试错误说。学习的实质是使某一刺激与某一特定反应之间按照一定规律形成联结，并使其联结力量得以巩固的过程。他认为，学习过程是由以下成分或阶段构成的：①动机；②有障碍的问题情境；③试探；④偶然成功；⑤淘汰与选择；⑥整合与协调，使无用动作降到最低。

（二）学习三大定律

桑代克提出了学习的三大定律。

1. 准备律

准备律是指学习者在学习开始时的预备定式，而不是指学习者的知识或成熟准备。

2. 练习律

练习律是指反应重复的次数越多，刺激与反应之间的联结便越牢固。

练习律有两种形式，一种是使用律，即一个形成的联结若加以应用，其联结力量就会加强；另一种是失用律，即一个已形成的联结若不加以应用，其联结的力量就会减弱。

3. 效果律

效果律是指凡是导致满意的行为反应后果会使刺激与反应联结加强，凡是带来令人烦恼的行为反应后果会削弱刺激与反应的联结。这是桑代克学习三大定律中最主要的定律。

四、格思里的学习理论

（一）学习观

格思里认为，在学习中一个刺激可能包含数百万个刺激要素，在任何一次尝试中，有机体只是对其中某些刺激要素做出反应。学习可以看作一次性的联结，也是一种全或无的联结。

学习的实质是，肌肉动作与各组刺激要素之间形成联结。只要有机体一组刺激要素做出一个动作，便在它们之间形成了联结，或者说发生了新的学习。由于他强调的刺激与反应之间紧密联系，因此其学习理论被称为邻近学习理论。他提出了他学术生涯中唯一的一条学习定律，即刺激的某一组合，如果曾伴随过某一动作，那么当这种刺激组合再次出现时，这一动作往往会随之发生。

（二）破除习惯的方法：学习的解释

1. 阈限法

阈限法（忍受法），即极其缓慢地逐渐引入条件刺激，使有关反应（不良习惯）不被引起。例如，一匹马不愿意驮任何东西，可以先在马背上放条床单，然后放上鞍子，再在鞍子上放些东西，逐渐增加重量，直到最后人骑上去。

2. 疲劳法或消耗法

疲劳法，或过量消耗法，即不断重复刺激线索，直到有关反应（不良习惯）疲劳为止。例如，对一匹不听话的马，就一直骑上去，让它发作，等到它疲劳了就听话了。

3. 不相匹配刺激法

不相匹配刺激法，或称对抗条件作用，即用有关反应（不良习惯）同某一矛盾反应配对。例如，把一匹不听话的马，捆绑在树桩上，使它无法发作，然后骑上去；一条狗习惯追逐小鸡，那就把一只死鸡拴到其脖子上，让狗做出强烈的回避反应。

（三）评论

1. 格思里发展了行为主义学习理论

桑代克强调的是刺激，即 S–R–S 这样一个式子中的最后一个 S。而巴甫洛夫通过刺激配对，认为 UCS 和 CS 有同样的功效。华生则认为，首先是刺激，然后是反应，刺激再现时，反应的频率增加，从而使联结加强。对此，格思里提出了新的见解，他认为，数以百万刺激，在任何一个尝试中，有机体只是对百万刺激中的一些要素做出反应。这就增加了学习的不确定因素。

2. 格思里学习理论的特点

格思里未抛弃成熟本能变量在行为中的作用，认为神经系统成熟是许多行为的决定因素。其理论的特点如下。

（1）学习中起主要作用的机制是暂时联系，即 S 与 R 之间的紧密联系。邻近观与强化说或动机观形成鲜明对照。

（2）一般认为熟能生巧，而他认为学习是稍纵即逝的过程：学习要么一次性完全发生，要么完全没有发生，是一次性完成的。

（3）他强调的强化概念，与当时绝大多数心理学家强调强化的重要性相比，有些寡不敌众，因此其理论未受到重视。

（4）他试图用刺激情境的复杂性来解释学习过程，但任何一种刺激要素都无法计量，他又没有提供推断要素的方法，因此，其理论未受到推广。

五、赫尔的驱力还原学习理论

赫尔，是一位新行为主义者。他小时候得过小儿麻痹症，致使下肢残废，他研究心理学的直接动因是，心理学不太涉及体力活动。按照牛顿物理学模式进行定量分析，他为行为主义推出一种微积分，便下结论认为，心理学是一门自然科学。1935 年赫尔当选为美国心理学会主席。20 世纪 40 年代，在耶鲁大学成立学习理论研究中心。

20 世纪 50 年代，其研究论文作为文献统治了心理学，有人把赫尔理论与学习理论当作同一术语。

(一) 强调中间变量的行为主义学习观

1. 用数学演绎的理论体系来解释学习

科学有时经过观察实验得出结论，但有时通过推理也会有所发现，爱因斯坦通过数学推理提出相对论便是一例。由于伍德沃斯建议用 S-O-R 代替 SR，认为心理学应研究整个人的全部活动，不应只研究行为，进一步对 S-O-R 进行加工，用数学公式来表示，因此完善了这个模型。

2. 改造有机体变量（O）

托尔曼虽然提出了中介变量，但赫尔试图以纯行为方式来探讨中介变量。他认为，托尔曼把认知、要求、期望、目的作为中介变量来分析，这些都是主观的，不符合行为科学的标准。他试图以纯行为的方式来探讨中介变量。中介变量包括：习惯（sH_R）、驱力（D）、诱因动机（K）、刺激强度的动力机制（V）、反应性抑制（I_R）、条件性抑制（sL_R），这些中介变量归结反应潜能、波动机制和反应阈限。

3. 对行为的理解

行为是由一系列或者一串相联系的习惯构成的，每一种刺激—反应联结，都是作为强化结果而产生的。

(二) 学习是建立在驱力还原基础上的

（1）一级学习系统。

$sE_R=D\times sH_R$

sE_R：反应潜能；D-drive：内驱力，学习系统首先要有动力；H-habit：习惯，通过强化产生刺激反应之间的联结。

（2）二级学习系统。

$sE_R=K\times D\times sH_R$

二级学习系统增加了诱因动机（K）变量。

（3）完整的学习方程式。

$sE_R=K\times D\times V\times J\times sH_R-（I_R+sI_R）-sO_R$

学习中的变量包括：

V——刺激强度动力机制：V 越大，sE_R 越高。

J——强化延续：J 会影响较低的潜能。

I_R——抑制潜能：阻止行为表现的因素。

sO_R——波动机制：有机体行为反应强度不同，是反应潜能的决定因素。

（二）定量刺激反应学习理论

作为赫尔的学生，斯本思提出了定量刺激反应学习理论。他认为，学习由两部分构成，一是经验性构成：指公开可以检验的自变量和因变量，二是理论性构成：指中介变量，如需要、动机，这些是无法观察到的。他认为，学习是由观察不到的假设构成，介于自变量与固定变量之间，即学习是习惯形成的。

（半临近）习惯强度：只依赖于反应的次数与练习，不是强化。

（半强化）诱因动机：做出某种反应获得的奖励越多，做出这种反应的诱因动机越强。

学习的公式：E（反应潜能）=H×（D+K）。其理论被称为半强化、半邻近理论。

（三）评论

1. 基本贡献：赫尔提出了一个自动化学习体系

（1）主张由环境提供的刺激（反变量）和有机体做出行为反应（固变量），来引导制约环境与有机体相互作用的各种因素（中介变量），并把驱力还原作为其理论的基础。这样，就形成了一个自动化的体系。

（2）驱力还原，与适应性、调节、竞争、生存等观念相联系。

（3）强调强化原则，与桑代克相似，而与格思里相对立。

2. 局限性：其理论经不住时代考验

（1）试图形成一个包揽一切的理论体系是不切实际的。

（2）过于醉心于用数学公式来构建行为系统，在某种意义上赫尔成了嗜好数学的牺牲品，只要有机会，他就把自己的阐述数学化，有时竟把自己弄到荒唐怪诞的程度。

可以说，抛弃学习理论数学精确性的歧路，重视计算机模拟的理想有机体是学习理论发展的唯一正确之路，这预示着认知心理学即将到来。

六、操作条件反射学习理论

（一）斯金纳的实验装置——斯金纳箱

斯金纳箱内装上一根操纵杆，操纵杆与另一端供食丸的装置连接。把饥饿的白鼠置于箱内，白鼠偶然踏上操纵杆，供丸装置就会自动落下一粒食丸。白鼠经过几次尝试，会不断按压杠杆，直到吃饱为止。可以说，白鼠学会了按压杠杆以取得食物，按压杠杆变成了其取得食物的手段或者工具，所以操作条件反射又称为工具性条件反射，在操作条件反射中，学习就是在操纵杠杆（S）与压杆反应（R）之间形成固定的联系。

在后来的实验中，斯金纳不断改进斯金纳箱的结构，使它能通过电路控制编制的强化程序，还能自动记录动物的操作反应的次数。斯金纳采用这种装置进行了一系列强化程序的实验研究，并发展了桑代克的效果律，提出了其学习理论的核心部分，即强化原理。

（二）操作性条件反射学说

斯金纳把条件反射分为两类，一是应答性条件反射（与经典性条件反射相应，又称为刺激性条件反射），强调刺激对所引起的期望反应的重要性；二是操作性条件反射，通过愉快或不愉快的结果来改变行为，通常称为操作性条件反射。

与操作性条件反射相联系的两个原则，一是任何反应如果紧跟强化（奖励）刺激，这个反应都有重复出现的趋向，二是任何能提高操作反应率的刺激都是强化刺激。

操作性条件反射强调的是行为及其结果。操作性条件反射的形成，就是有机体把强化和发出的操作反应相联系的过程。斯金纳认为操作学习与反射学习是不同的。反射学习是 S–R 的过程，而操作学习则是 S–R–S 的过程，重要的是跟随反应之后的刺激。在经典性条件反射中，行为的后果对行为学习不起作用，因为刺激带来了希望的反应，刺激本身就是强化。而操作性条件反射尽管更接近于桑代克的理论，但不同于桑代克对学习的解释。桑代克认为奖励能加强刺激和反应之间的联结，而斯金纳认为，反应加强的不是 S–R 联结而是相同行为再发生的频率。

（三）强化学说

1. 强化物与强化

凡是能增强反应概率的刺激和事件都叫强化物。反之，在反应之后紧跟一个讨厌的刺激，从而导致反应率下降，则是惩罚。强化分为积极强化和消极强化，积极强化通过呈现刺激增强反应概率，消极强化通过中止不愉快条件来增强反应概率。强化可分为一级强化和二级强化。一级强化满足人和动物的基本生理需要；二级强化可分为社会强化（社会接纳、微笑）、信物（钱、级别、奖品等）和活动（自由地玩、听音乐、旅游等）。在强化时，可以使用这样一个原则，即用高频的活动作为低频活动的强化物，或者说用儿童喜爱的活动去强化儿童参与不喜爱的活动。

2. 强化程式

间隔式强化又称为部分强化，它比起连续程式具有较高的反应率和间差，强化后的一段时间出现较低的反应率，但在时间间隔的末尾反应率上升，出现一种扇贝效应。

斯金纳认为，强化是增加某个反应概率的手段，强化在塑造行为和保持行为中是不可缺少的，学习者的学习效果与强化安排有极大的关系。一般来说，为提高学习者的学习效果，最佳强化安排方式是，在学习者学习行为的最初，使用连续强化安排，然后使用固定间隔强化安排，最后使用变化比例强化安排。从某种意义上说，斯金纳在强化安排方面的实验研究，是他在心理学方面的最大贡献。

（四）行为学习

1. 塑造

塑造，就是通过小步反馈帮助儿童达到目标。可采用相继近似法，通过不断强化、逐渐接近最终行为的反应来塑造某种行为。如训练鸽子走 8 字形。如果等到它走了 8 字形再给予强化，那需要等很长时间，或许没等它走完 8 字形就饿死了。需采用这种相继近似法：鸽子只要转一下头或朝顺时针方向迈出一步，就给予强化；进一步，迈出 2 ～ 3 步给予强化；迈出 4 ～ 5 步给予强化；最终走完 8 字形给予强化。

2. 消退

消退是通过差别强化，缓慢地减少两种刺激特征，从而使有机体最终能对两种只有很小差异的刺激做出辨别反应，斯金纳称之为刺激控制。斯金纳介绍了西德曼的一项实验，为一名脑异常的白痴被试编制了一套细微差别的程序。被试 41 岁，而智商只有 1 岁半的水平，其大脑只有正常人的三分之一。让他辨别圆形，强化物为巧克力。经过训练，他能成功从所有图形中选出圆形。可以说，他在 41 岁这一年时间里获取的智力成就，超过他以往 40 年所取得的全部成就。他之所以能取得这些成就，并不是什么光明前途向他召唤，而仅仅是每周他有几小时生活在一个精心编制好的程序环境里而已。

3. 先前刺激

先前刺激，也就是线索，因为它告知我们什么行为将受到强化，什么行为将受到惩罚。线索表现为许多形式，它暗示我们，什么时候应当改变自己的行为，什么时候不应当改变。

在行为学习中，还有两个概念是很重要的。

（1）分化，是指知觉刺激的差异并对这种差异做出反应，是利用一些线索、信号和信息，这些线索、信号和信息暗示什么时候行为更易得到强化。

（2）概括化，即将行为、技能、概念从一个情境迁移到另一个情境或任务中。

（五）程序教学

20 世纪 50 年代，斯金纳依据他的强化原理提出利用机器的程序教学，这对当时的教学改革产生了极大的影响。在他看来，对正确学习效果必须给予及时强化，鼓励儿童继续学习。在课堂教学中，可以对每一位儿童都给予及时强化，教学机器可以为儿童提供个体化学习的机会。

（六）评论

1. 斯金纳学习理论的价值

斯金纳在心理学界既是理论家，又是实践家；既是科学家、心理学家，又是社会领导者。可以说，他是当今心理学界最主要、最有影响的人物之一，是一位颇具想象力和创造力的科学家。斯金纳最大的贡献是提出了条件作用的原理，并把原理应用于社会情境，如心理治疗、问题处理、课堂管理等。他的强化理论是对桑代克效果率的进一步延伸与发展，是他严肃地探讨了效果率，并将其很好地用于塑造行为。他采用强化的相关安排方式，使行为在长时间保持高度水平。

2. 对斯金纳学习理论的批评

首先，斯金纳的研究局限于实验室动物，属于简单的学习，而没有涉及复杂的人类学习。

其次，其理论避免涉及有机体的内部状态，被人们称为研究空洞的有机体。

再次，斯金纳是有争议的人物，一类人认为其理论非信不可、完美无缺，如教师、工业训练者、运动场教练、律师；另一类人指责他的行为控制理论失去人性，是非人道的心理学。

最后，人的认知情感、思维、个性特征和社会交往等的复杂性和微妙程度，决非强化物这把万能钥匙所能一一开启的。如果要了解人的内在心理的全过程，就必须试图打开斯金纳的暗箱，这是心理学的希望，也是认知心理的范畴。

今天，行为主义作为一个学派已经独立，但没有一个心理学家自称是行为主义者。对于别人的批评，斯金纳采取不理睬的态度。他对任何一个批评家从来不做答复，他甚至不看他们的批评。1900 年，他在《美国心理学家》杂志上发表文章《心理学能够是一门关于心理的科学吗》，为他的行为主义理论争辩，第二天，他便溘然长逝了。

第二节　认知主义学习理论

【案例导入】

在课堂上。教师问幼儿："有两个香蕉，哥哥吃了两个，还有几个？"孩子没有回答，却大哭起来："哥哥吃完了，我吃什么啊？"

思考：

小朋友为什么会哭呢？

一、格式塔心理学的学习理论

（一）三大代表人物

1. 韦特默

韦特默（Max Wertheimer，1880—1943）出生于捷克，在大学最初学习法律，两年后改学哲学和心理学，后来去德国匹兹堡大学求学。1904 年，在屈尔佩指导下获博士学位。1933 年，他不满希特勒统治去了美国。韦特默被公认为是格式塔心理学的开创者，但他兴趣广泛，写诗、写交响乐曲，除了设计几个重要的实验、阐述格式塔心理学原理之外，其论著并不多。他最主要的关于实验似动现象的想法，是在 1910 年度假时从维也纳到莱比锡的火车上萌发的，他的助手苛勒和考夫卡进一步对似动现象做了研究。

2. 苛勒

苛勒（Wolfgang Kohler，1987—1967）出生于爱沙尼亚。1909 年在柏林大学获博士学位。1910 年在法兰克福大学，与考夫卡作为似动现象实验的被试，与老师三人共同奠定了格式塔心理学的基础。1913 年他去非洲沿海的一个小岛对猩猩进行观察研究工作。第一次世界大战爆发后，他无法离开，在岛上又生活了 4 年。他写的主要著作是《猩猩的智慧》。1921 年苛勒又回到柏林大学任心理研究所主任，成为格式塔心理学的主要发言人。1935 年不满纳粹帝国，被迫去了美国。1956 年获美国杰出科学贡献奖，1959 年当选为美国心理学会主席，主要的著作为《格式塔心理学》。

3. 考夫卡

考夫卡（Kurt Koffka，1886—1941）出生于德国。1904 年开始在柏林大学学习哲学、心理学。1907 年获哲学博士。1910 年到法兰克福大学，与韦特默、苛勒研究似动现象，奠定了格式塔心理学的基础。1924 年去美国，比韦特默早 9 年，比苛勒早 11 年。作为格式塔心理学的传播者，他是最早向美国介绍格式塔心理学的人，对格式塔心理学的全面系统介绍和传播做出了杰出的贡献。

（二）格式塔心理学的研究

1. 似动现象

一般人认为，似动现象没有什么理论意义，只是一种好奇而已，而对韦特默来说，则是不能把整体分解成部分的证据。所谓似动现象，是指两个相距不远、相继出现的视觉刺激物，呈现的间隔如果在 1/10 秒到 1/30 秒之间，那么我们看到的不是两个物体，而是一个物体在移动。另外，对图形与背景关系进行的研究表明，一个整体分成部分是可以的，但更重要的是整体与部分之间的关系，整体不只是部分的总和。

2. 解决问题中的顿悟

苛勒做了猩猩行为的实验研究：在接竿问题实验中，猩猩为得到香蕉，突然将两根棒子像钓鱼竿一样接起来；在叠箱问题实验中，猩猩突然将两只箱子叠起来而得到高处的香蕉。总之，动物在遇到难题时，可能审视相关的条件，考虑行为成功的可能性，当突然把一件工具的功能性价值看作达到目标的手段，便产生了顿悟，从而解决了这个问题。顿悟的产生，一方面强调情境的整体性和结构性；另一方面假定脑本身有一种组织的功能，能填补缺口。

3. 格式塔心理学基本学习观

（1）学习是知觉重组或认知重组。

一个人的学习方式，通常是从一种混沌模糊状态，转变为一种有意义的、有结构的状态，即知觉重组。

（2）顿悟学习可以避免多余的错误、有助于迁移。

韦特默认为，一些教师过于强调机械记忆，不惜牺牲学习中的理解能力，这是不合适的，应该让儿童更多使用发生顿悟的学习方式。他区别了两种类型的问题解决方法，一类是具有首创性和顿悟式的解决方法；另一类是不适当地应用老规则，而不能真正解决问题的非顿悟学习。

这里举一个非顿悟学习的例子：一位在病房里值夜班的护士，到了深夜时，把一个病号叫醒说，现在到了你该吃安眠药的时候了。这是一个不考虑问题情境、机械运用规则的愚蠢行为的典型事例。

（3）真正学习是不会遗忘的。

无意义音节的机械学习是极易被遗忘的，而通过顿悟习得的内容，一旦掌握后，永远也不会遗忘。例如，把 149162536496481 写在黑板上，要求一组被试过 15 秒后回忆出来。结果，被试难以完成这项困难任务。但另一组被试，告诉他们在试图记住之前，想想有什么规律的可能，结果不少被试都觉察到这些数字是用 1 到 9 的平方排列起来的。既然如此，那么是几周、几个月后也不会遗忘的。

（4）顿悟学习本身就具有奖励性质。

格式塔心理学认为，真正学习常伴有一种兴奋感。当学习者了解到有意义的关系是一个完形的内在结构，那么弄清事物真相，就会有令人愉快的体验。格式塔心理学抨击滥用各种外部奖励，如使用糖果、五角星、金钱之类的东西驱动学习。教育工作者要认识到，不加区别地使用奖励物可能会使儿童分心，使他们不能把心思用在学习上，而只关心得到什么奖励，导致失去顿悟学习本身所具有的自我奖励作用。

（三）评论

1. 对格式塔心理学学习理论的批评

首先，格式塔心理学的理论太多，以致牺牲了适当的实验研究和有经验支持的资料。其次，格式塔心理学最根本的就是整体与要素的关系，但对其解释得最不完善，因为它未搞清楚其要素是什么。最后，有人说，格式塔心理学的实验缺乏对变量的适当控制，且其非数字化资料，不易统计分析。

2. 格式塔心理学的贡献

尽管以上有许多对格式塔心理学的批评，但作为一个重要流派，其影响还是深远的。格式塔心理学，为 20 世纪 50 ～ 60 年代认知心理学的发展奠定了基础。

二、勒温的认知—场学习理论（格式塔心理学的一个分支）

（一）代表人物

勒温（Kurt Lewin，1880—1947），生于普鲁士，先后在大学学习数学和物理学，后来学习心理学。1914 年获博士学位。1921 年勒温在柏林大学与韦特默研究格式塔心理学，其兴趣是用场论来解释心理学问题。他也是因不满希特勒的专制统治，于 1932 年离开德国去了美国。

（二）行为观

人的心理活动是在一种心理场或生活空间（简称 LSP）里发生的。一个人的行为（B）取决于个人（P）和他所处环境（E）的相互作用，即个人生活空间，用公式表示：B=f（P·E）=f（LSP）。在个人生活空间中，最重要的因素是个体所渴望达到的目标或力图避免的目标（简称 G），以及避开目标的障碍（Barrier，简称 B）。追求目标，说明目标有吸引力，即正诱发力。

（三）学习观

当儿童面临两难境地，一方面讨厌活动（T），另一方面又要面临受惩罚，因此就有想逃离障碍（B）的倾向，即动机。勒温认为，奖励可以使学习区域发生变化，使本来讨厌的活动变得喜欢起来。另外，个体对于活动意义的认识也可以作为活动的诱发力。例如，苦瓜有营养，平时嫌苦不吃，来了客人吃饭，则这个孩子大口大口吃苦瓜。当孩子嫌味苦时会赶紧吃口饭并快速咽下去。

（四）评论

勒温的认知—场学习理论的确有独到之处。勒温把空间、拓扑学和向量引入格式塔心理学框架，对于格式塔心理学发展来说，是另辟蹊径，弥补了格式塔心理学只研究知觉的不足。可以说，用空间概念、用数量方式处理心理学问题，是其理论的一大特色。勒温对于行为取决于行为发生的心理环境，以及对动机的解释也有独到之处。当然，其理论在许多方面只是一种理想而已，因为没有一个人能以一种完全客观的方式来精确说明其所在的环境，因此，难于对行为提供精确的判断和解释。

三、布鲁纳的学习理论

（一）生平

布鲁纳作为教育心理学家，因教育改革运动而享誉全球。他 1937 年毕业于杜克大学，1941 年获哈佛大学博士学位。在哈佛大学，他一开始在波林领导下研究动物学认知探索和知觉。第二次世界大战期间，他研究社会心理学，发表《公众舆论和世界秩序》论文（1945）。1945 年，他重新回到哈佛，继续从事心理学研究。1947 年发表

《论价值和需要在知觉组织中的作用》一文，让贫穷儿童和富裕儿童作为两组被试，对硬币大小进行估计判断，结果发现：贫穷儿童往往比富裕儿童更倾向于过度估计硬币的大小。

1952年布鲁纳开始对认知问题进行系统研究。1960年建立了哈佛大学认知研究中心，由哲学家、语言学家、史学家、人类学家和法律学家等组成，研究认知与教学问题，试图改革美国教育。1960年出版的《教育过程》被称为是一部划时代的著作。他创立的结构主义教学论，与赞可夫教学与发展的实验教学论和德国瓦根舍因的范例教学论，共同成为广泛流行的三大教学流派。

布鲁纳的主要著作有：《思维研究》（1956）、《教育过程》（1960）、《论认知》（1962）、《教学论探讨》（1966）、《教育的适应性》（1971）、《有意义的行动》（1990）和《教育文化》（1996）等。

（二）关于认知研究

1. 重视直觉思维的训练

直觉思维是以熟悉的、相关的知识领域及其结构为根据，是一种灵感和创意。直觉思维和预感的训练，在正式的学科学习中受到忽略。影响直觉思维的因素如下：

第一，教学上强调知识的结构或联络性。

第二，启发式程序教学有助于直觉思维。

第三，鼓励儿童大胆猜想。

第四，鼓励儿童自信和勇气。

第五，改革学习奖惩制度。儿童在行动中犯错误、冒风险，不致受批评。

第六，认识儿童的天赋状况，赞赏儿童直觉思维。

2. 认知成长理论及教育措施

（1）认知表征系统。

布鲁纳十分重视成长的问题，他常把智力生长与认知生长作为同义语，把它们看作形成表征系统的过程。表征或表征系统，是知觉和认识世界的一套规则，包括以下几点：

①动作性表征，又称表演式再现表象。儿童以动作来表达对世界的看法。

②映象性表征，又称肖像式再现表象。儿童开始形成图像或表象，去表现他们世界中所发生的事物。

③符号性表征，又称象征性再现表象。儿童能够通过符号再现他们的世界，这里最重要的符号是语言。这些符号既不是直接的事物，也不是现实世界的复制，而是抽象的、间接的和任意性的。

布鲁纳认为，智力生长的主要目的，是为儿童提供一个现实世界的模式，儿童可以借此解决生活中的一切问题。

（2）促进儿童智力成长的措施。

1）增进儿童知识和技能。

布鲁纳认为，人类通过文化来增进技能和知识。人类文明发展有三种扩大器：①人类动作扩大器，像锤子、杠杆和轮子等；②感官能力扩大器，像信号烽火台、标志、示意图和报警器等；③人类推理能力扩大器，文化是扩大系统的仓库、传递者。文明和文化的作用类似于一个扩大系统，可以协助儿重的智力成长。

2）课程编制。

儿童技能训练有以下三种形式：

①人类以前灵长类合成技能的游戏实践。

②原始社会按部就班的情境施教方法。

③学校的抽象训练法。

课程编制应考虑这三种训练方式，应发挥最大才能，并运用技术，由艺术家、人类学者、影片制作人、诗人和教师共同完成。

3）以学科心理学为基础的智力开发。

学科的思考方法往往是以一套有联系的、内容可变性的、富有衍生力的命题为基础。在教育中，尽量给儿童提供学科思考方法的机会。学科学习涉及知识转换问题，应利用三种表征方式，让儿童对学科保持高度兴趣。

（三）关于教学的研究

1. 学习准备

泰勒认为，学习准备是由生理成熟、心理成熟和学习心向三个因素构成的。皮亚杰也赞同这个观点，认为学习新材料之前，应让儿童通晓前一阶段的学习方式。布鲁纳则认为，教学不应等待学习准备的到来，而应采取更积极的态度，即由等待准备转变为创造性准备。向成长中的儿童提出问题，激励他们向更高一阶段发展，这种努力是有意义的。

2. 学习过程

布鲁纳认为，学习一门学科，包含三个差不多同时发生的学习过程，具体如下。

（1）新知识的获得。获得新知识需要对知识进行分类。

（2）知识的转换。把信息转换为各种不同方式，通过推理超越最初的事实，从而学到更多的知识。

（3）评价。要检验处理知识的方法是否适合于这个任务，知识概括得是否恰当，最终使获得的知识形成一个编码系统。

【拓展阅读】

个人至善的四种方式

1. 圆满获得世间的财富，这是最低级的至善方式。

2. 身体方面的至善，指人的身体形态和技艺的发展。

3. 道德上的至善。

4. 具有最高的智能。

具有第四种至善才是人类真正的至善。人们即使占有了前三种至善方式，也不能把它们变成财富，而具有最后一种至善才是个体真正能拥有的，他人一点也分占不到的。发现学习可以使个人达到最高至善。(采自布鲁纳《发现的行为》)

3. 学习动机

布鲁纳强调学习是一个主动过程，学习的最初刺激是对所学材料的兴趣，即主要是内在动机，而不是诸如排名、奖赏、竞争之类的外在动机。内在动机包括好奇心、胜任力和认同感(即取得文化上的一致性)。适当的信息不确定性有助于内在动机的形成。布鲁纳强调，可以利用惊奇、疑虑问题的多种答案，设计困难情境，以揭示矛盾的方法来激发内在动机。

4. 发现学习

发现学习对儿童发展有以下四点作用：

第一，提高智力的潜力。

第二，使外部奖赏向内部动机转移。

第三，学会未来发现的最优方法和策略。

第四，帮助信息的保持和检索。

5. 螺旋式课程

布鲁纳提出了一个引起广泛争议的、大胆的假设：任何学科都能用在智能上，以诚实的方式有效地教给任何发展阶段的任何儿童。以往学校以困难为由，许多学科的教学被推迟了，他认为，处于自然学科和学科的教学中心的基本概念以及赋予生命及文学形式的基本课题，既是简单的，又是强有力的。他提出一个重要的概念，即螺旋式课程。所谓螺旋式课程，是学习者从已有经验的基本知识开始，在此基础上增加更复杂的和更精细的类目与编码。在教学向前推进时，它经常返回去，在以前理解基础上提高，像螺旋一样，由小到大、由低到高把某些知识、概念、原理盘旋上，逐渐扩大学科的内容。

6. 教材结构理论

当时美国的历史背景是，1957 年苏联卫星上天，逼迫美国进行教育改革。布鲁纳召集了美国的物理学家、生物学家、数学家、历史学家、教育家和心理学家汇聚一堂，在伍兹霍尔会议上，共商教育大计。后来，布鲁纳进行了总结，写了《教育过程》一书，提出了教材结构理论。所谓教材结构，是指学科中的事物互相联系和组织的方式，是具有某种规律的东西，如概念、原理和原则。在教学中要给予儿童教材的基本结构，即基本的知识原理，以及解决问题的态度，把那些和基础课有关的普遍的和强有力的观点与态度置于中心地位，安排的基础知识要符合儿童的兴趣和能力。

7. 未来教育

布鲁纳在 20 世纪 50 年代研究得出时间与人类文明发展重大事件的有趣关系：

地球诞生——50 亿年

脊椎动物——5 亿年

哺乳动物——5 千万年

灵长类——5 百万年

现代人——50 万年

印刷的发明——5 百年

无线电——50 年

人工智能——5 年

布鲁纳指出，对人类诞生之后发生重大事件的记载是感人的和令人生畏的。地球生命为 50 亿年，一半时间即 25 亿年地球无生命。人类文明在突飞猛进向前发展。人类的工具、技术以几何级速度发展，教育显得日益重要。未来教育应该重点从以下几个方面培养儿童：

第一，操作技能、想象和处理符号的技能。

第二，掌握各种技能和自我奖励方式。

第三，处理复杂语言之技巧。

第四，拥有更多的知识资源。

（四）评论

布鲁纳认为，人类追求完美，只有拥有最高智能的完美才是最真实、最主要的。他的认知研究具有划时代意义，因为欧洲有皮亚杰的发生认识论、格式塔心理学，但美国始终是机能主义和行为心理学及其教学的研究主义的天下，因此，他开创了美国认知心理学及其教学的研究。

在推动美国的教育改革运动中，特别是在认知—结构学习理论为指导改革教学的运动中，布鲁纳是一位红极一时的重要人物，在心理学为教育服务方面做出了显著的贡献。

四、奥苏伯尔的学习理论

（一）生平

奥苏伯尔（D.P. Ausubel，1918—2008），教育心理学典型的代表人物之一。1940 年获哥伦比亚大学心理学硕士，1943 年获医学博士，1950 年获哲学博士。他在关注学习理论研究的同时，在理论医学、临床医学、精神病理学和发展心理学等领域也有所建树。1976 年获得美国心理学会颁发的桑代克教育心理学奖。他的代表著作有：《自我发展与个性失调》（1952）、《儿童发展的理论与问题》（1958）、《意义言语学习心理学》（1963）、《教育心理学：种认知观》（1968）等。

（二）奥苏伯尔关于学习的研究

1. 有意义学习

（1）有意义学习的实质。奥苏伯尔在教育心理学中最大的贡献是他对有意义学习的描述。有意义学习的实质，就是符号所代表的新知识与学习者认知结构中已有的适当观念建立非人为的和实质性的联系。非人为的联系，是指新知识与认知结构中有关观念在某种合理的或逻辑基础上建立联系。

（2）有意义学习的类型。

1）表征学习。表征学习是学习单个符号或一组符号的意义，或者说学习它们代表什么。表征学习的主要内容是词汇学习，即学习单词代表什么。

2）概念学习。有意义学习的另一类较高级的形式叫概念学习。概念学习的实质是掌握同类事物共同的关键特征。同类事物的关键特征可以由学习者从大量同类事物的不同例证中独立发现，这种获得概念的方式叫概念形成；也可以用定义的方式直接向学习者呈现，学习者利用认知结构中原有的有关概念理解新概念，这种获得概念的方式叫概念同化。

3）命题学习。奥苏伯尔认为，命题是以句子的形式表达的，可以分为两类，一类是非概括性命题，只表示两个以上的特殊事物之间的关系；另一类命题表示若干事物或性质之间的关系，这类命题叫概括性命题。命题学习就是学习事物之间或若干概念之间的关系。

新学习的命题与儿童已有命题之间的关系有以下三种类型。

①下位关系：这是新教材与儿童已有观念之间最普遍的一种关系，即新学习的内容类属于儿童认知结构中已有的、包摄性较广的观念。它有两种形式，一种是派生类属，另一种是相关类属。

②上位关系：指新学习的内容与已有观念产生一种类属关系。

③结合关系：指新概念、新命题的学习，与原有的观念之间既无下位关系，又无上位关系。

2. 发现学习与接受学习

（1）发现学习。

发现学习是指学习内容不是以定论方式呈现给儿童的，而是要求儿童对学习内容进行重新排列、重新组织或转换。

（2）接受学习。

1）接受学习与发现学习不同。奥苏伯尔认为，学习的很多情况应该是通过接受而不是通过发现而发生，即接受学习。教师给儿童提供的材料应该是经过仔细考虑的、有组织的、有序列的、完整的形式，因此儿童接受的是最有用的材料。像布鲁纳一样，他也是强调把信息组织进编码系统进行学习，但他把在编码系统中最顶部的一般概念称为归类者，因为所有的其他概念都归在它底下。

与布鲁纳不同，他主张学习应该通过演绎过程，即理解从一般到特殊。在他看来，无论是接受学习还是发现学习，可能是机械的，也可能是有意义的。如果教师教学得法，并不一定会导致儿童机械地接受学习；同样，发现学习也并不一定是保证儿童有意义学习的灵丹妙药。学校主要应采用有意义接受学习，尤其是有意义言语接受学习。

2）讲解式教学的特点。奥苏伯尔强调讲解式教学，把接受学习的教学方法叫作讲解式教学。这种教学主要有四个特点：①要求师生之间有大量的互动。②要有大量例证。③教学是演绎的，从最一般的、最初呈现的概念中引出特殊概念。④教学有序列，材料的呈现有一定步子，这些步子中首先是先行组织者。

3. 认知结构的同化学习论及教育指导

（1）同化学习论的教学实质。

奥苏伯尔认为，当儿童把教学内容与自己的认知结构联系起来时，有意义学习便发生了。所谓认知结构，就是指儿童现有知识的数量、清晰度和组织结构，它是由儿童眼下能回想出的事实、概念、命题、理论等构成的。

从教学角度来看，研究认知结构的目的在于识别和控制影响有意义接受学习的变量。奥苏伯尔认为，下列三种变量是必须关注的。

1）儿童认知结构中能与新教材建立联系的有关观念是否可利用。

2）这些观念与要学习的新观念之间区别的程度如何。

3）认知结构中起固定性作用的观念是否稳定、清晰。认知结构中原有的适当观念是起决定作用的，这种原有的适当观念对新知识起固定作用，故称这种观念为起固定性作用观念或锚观念。

奥苏伯尔认为，同化理论的核心是，儿童能否习得新信息，主要取决于他们认知结构中已有的有关观念。这种新旧知识相互作用的结果导致了新旧知识的意义同化。

（2）教学原则。

1）逐渐分化原则。逐渐分化原则是指应该传授最一般的、包摄性最广的观念，然后根据具体细节对他们逐渐加以分化。奥苏伯尔提出两个基本的假设：①儿童从已知的包摄性较广的整体知识中掌握分化的部分，比从已知的分化部分中掌握整体知识难度要低些；②儿童认知结构中对各门学科内容的组织，是按包摄性水平组成的。

2）整体协调原则。整体协调原则指如何对儿童认知结构中现有要素重新加以组合。

3）序列组织和巩固原则。序列组织原则强调前面出现的知识应为后面出现的知识提供基础。巩固原则强调在学习新内容之前必须掌握刚学过的内容，确保儿童为新学习做好准备，为新学习的成功奠定基础。

4）先行组织者原则。所谓先行组织者，是先于学习任务本身呈现的一种引导性材料，要比学习任务本身有较高的抽象、概括和综合水平，并且能清晰地与认知结构中原有的观念和新的学习任务相关联。组织者可分为两类，一类是陈述性组织者，另一类是比较性组织者。

组织者有三种形式。

①概念的定义。

②新材料与已知例子的类别。

③一个较高水平的概括。

先行组织者在新旧概念之间具有桥梁的作用，表现为：一是把儿童的注意引向即将来临的材料中最重要的内容；二是它们集中了已有观念和将呈现的观念之间的关系；三是提醒儿童注意到已有知识和即将遇到的新材料之间的关系。

（三）评论

奥苏伯尔对接受学习与发现学习、意义学习与机械学习之间的区别提出了独到的见解，在此基础上阐明了意义接受学习的准则和条件，并对传统的教学方法进行了反思，这些对现实教育具有深刻的启发意义。

五、认知建构主义学习理论

在教育心理学中正在发生着一场革命，人们对它叫法不一，但更多把它称为建构主义的学习理论。建构主义是学习理论中行为主义发展到认知理论以后的进一步发展。在皮亚杰和布鲁纳的思想中已经有了建构的成分，但相对而言，建构主义的认知学习观，是解释客观的知识结构如何通过个体与之交互作用而内化为认知结构的。

（一）认知建构主义学习理论的观点

1. 学习是学习者主动建构的内部心理表征过程

学习不仅包括结构性的知识，还包括大量非结构性的经验背景。建构主义的主要观点如下：

第一，人们生成对所察觉事物的意义，总是与他以前的经验相结合，即理解总是涉及学习者的认知过程和结构，包括原来记忆中的语义和抽象过程，如图式、规则、算法；突出某种特殊的表象或言语的记忆。

第二，人脑并不是被动地学习和记录输入信息的，它总是建构对输入信息的解释，主动选择一些信息，忽略一些信息，并从中得出结论。科学教学的效果常常不能达到教师所预期的结果，其原因可以归结为：一是在儿童原有认知结构中的内容，其观念与教科书中的不同，或者儿童的日常概念与科学概念理解存在差异。二是在认知策略上，儿童具有的策略与教师认为他们应该具有的策略不同。学习是建构内在心理表征的过程，并不是把知识从外界搬到记忆中，而是以已有的经验为基础，通过与外界的相互作用来建构新的理解。

2. 学习过程包含两方面的同时建构

学习过程即对知识的建构，包含两方面的含义，一方面对新信息的理解是通过运用已有经验，超越所提供的信息而建构的；另一方面从记忆系统中所提取的信息本身，也要按具体情况进行建构，而不单是提取信息。建构不仅是对新信息的意义建构，还是对原有经验的改造和重组。

3. 学习者以自己的方式建构对新事物的理解

不同的人看到的是事物的不同方面，对同一事物不存在唯一理解。学习者都是按照自己的方式来建构对新事物的理解，因此建构主义非常重视合作学习。

（二）认知灵活性理论及随机通达教学

1. 认知灵活性理论

认知灵活性理论是建构主义学习理论的分支，它采取的是一条中间路线，反对传统教学机械地对知识做预先设定，让儿童被动接受；同时也反对极端建构主义只强调学习中非结构的一方面，忽略概念的重要性。另外，这个理论主张，一方面要提供建构理解所需要的基础；另一方面又要留给儿童广阔的建构空间，让他们针对具体情境采用适当的学习策略。

2. 随机通达教学

（1）要区分两种不同领域的知识学习。

1）结构良好领域。初级学习是学习中的低级阶段，教师只要求儿童知道一些重要的概念和事实，在测验中只要求儿童将所学的东西按原样再现出来，这里所涉及的学习内容就属于结构良好领域。

2）结构不良领域。结构不良领域有两个特点：①概念的复杂性；②实例间的差异性。而高级学习，要求儿童把握概念的复杂性，并广泛而灵活地把概念运用到具体情境中。这里涉及概念的复杂性以及实例间的差异性，即结构不良领域的问题。

（2）知识获得的三阶段。

1）初级知识的获得阶段。此阶段儿童往往缺少可以直接迁移的、关于某领域的知识，这时的理解多靠简单的字面编码。在教学中，此阶段所涉及的主要是结构良好领域的问题，需要大量的练习和反馈而熟练掌握知识。

2）高级知识获得阶段。学习者开始涉及大量结构不良领域的问题，这时教学主要是以知识理解为基础，通过师徒式引导而进行。学习者要解决具体领域的情境性问题必须掌握高级的知识。

3）专家知识学习阶段。这个阶段涉及的问题则更加复杂和丰富，学习者已有大量的图式化的模式，而且其间已建立了丰富的联系，因而可以灵活地对问题进行表征。

（3）适合于高级学习的教学，即随机通达教学。

在高级知识学习过程中，对于信息意义的建构要从不同的角度入手，从而可以获得不同方面的理解。同时，在运用已有知识解决实际问题时，存在着概念的复杂性和实例的差异性问题，对同一内容的学习要在不同时间多次进行，每次的情境都是经过改组的，而且目的不同，分别着眼于问题的不同侧面。这种教学就是所谓的随机通达教学。

（三）情境性教学和支架式教学

认知建构主义在教学中的应用，产生了很多新的教学模式。重点介绍以下两种。

1. 情境性教学

情境性教学作为建构主义的教学模式之一，其含义包括以下三点：第一，学习是在与现实相类似的情境中发生，是以解决儿童在现实生活中遇到的问题为目标。第二，教学过程与现实问题解决过程相类似。第三，情境性教学对于儿童发展效果的评价，不需要独立于教学过程之外的测验，而是采用融合式测验。

【拓展阅读】

认知学徒制的六个特点

1. 儿童观察教师的示范操作。

2. 儿童通过教师的训练或指导（还有暗示、反馈、示范及提醒）获取外部支持。

3. 儿童得到概念性的支架，随着他们学得熟练、深入，这个支架就逐渐不用了。

4. 儿童逐渐明晰他们获得的知识，通过理解把学到的内容用文字表达出来。

5. 儿童将自己的问题解决情况与教师先前的要求进行对比，了解自己的进步情况。儿童运用自己所学的知识探索解决问题的新方法，有别于示范过的方法。

2. 支架式教学

支架式教学，要求教师引导教学的进行，使儿童掌握、建构和内化所学的知识技能，从而使他们进行更高水平的认知活动。简而言之，是通过支架把管理学习的任务逐渐由教师转移给儿童自己，最后撤去支架，这就是支架式教学。支架式教学的环节包括：预热、探索、独立探索。支架式教学与有指导的发现法相似，都强调在有教师指导的情况下发现学习，但支架式教学则同时强调教师指导成分逐渐减少，最终要使儿童处于独立发现的地位，将监控学习和探索责任由教师为主向儿童为主转移。

第三节 折中与人本主义学习理论

【案例导入】

有一位教师在教幼儿背诵前，先把诗的内容绘成美丽的图画，再用故事形式向幼儿讲述诗的内容，进而引导幼儿对诗中提及的“眠”“晓”“啼鸟”等进行讨论。

思考：

老师这样做是为什么呢？

一、托尔曼的认知—期待学习理论

（一）生平

托尔曼（E.C. Tolman，1886—1959），出生于一个教徒家庭。1911 年获麻省理工学院电子化学学士学位，1912 年、1915 年分别获哈佛大学心理学硕士、博士学位。1937 年当选为美国心理学会主席。1957 年获美国心理学会杰出科学贡献奖。著作包括《动物与人的目的性行为》（1932）、《战争的驱力》（1942）。托尔曼是一位新行为主义者，但他是一位外行的行为主义者，他经常利用动物的动机、认识、预期、意向和目的来描述动物的行为。他的理论被称为目的行为主义、整体性行为主义、符号—完形说或认知—期待说。

（二）认知—期待学习理论的基本观点

1. 学习是有目的的

学习是有目的的行为，而不是盲目的。

2. 学习中包含符号—完形的认知

白鼠在学习走迷宫时，并非学习一连串的刺激与反应，而是在头脑中形成一幅认知地图，即“目的—对象—手段”三者联系在一起的认知结构。学习不是简单的机械运动反应，而是学会达到目标的符号及其所代表的意义。

3. 强调有机体的中间变量

在外部刺激（S）和行为反应（R）之间存在中介变量（O）。主张将行为主义 S–R 公式改变为 S–O–R 公式，O 代表机体的内部变化。

4. 潜伏学习的存在

根据潜伏学习的实验，托尔曼认为，外来的强化并不是学习产生的必要因素，不强化也会产生学习。学习是对环境有关信息组合而生成的，在实验中，动物在未获得强化前学习已出现，只不过未表现出来，他称之为潜伏学习。

(三) 评论

作为一个新行为主义者，托尔曼强调认知在其理论中的地位，有人称他为认知心理学的开山鼻祖。

二、班杜拉的社会学习理论

(一) 生平

班杜拉（Albert Bandura，1925—　），美国心理学家。他生于加拿大阿尔伯塔省北部一个偏僻的小村庄，上有五个姐姐，是班氏家族唯一的男孩，深受宠爱。他在镇上唯一的一所集小学和中学于一体的学校中度过了小学和中学时代。由于师资和其他教学资源的缺乏，班杜拉只得靠自身努力来弥补环境的缺陷，这极大地挖掘了他的学习潜力。后来，班杜拉考入加拿大温哥华市的不列颠哥伦比亚大学。在上大学前的那个暑假，班杜拉参加了一个志愿远征队，班杜拉第一次接触了那些穷困潦倒者、流浪汉、逃债者、逃兵，甚至是一些缓刑罪犯，目睹了这些人种种怪诞的行为，班杜拉感到非常的苦恼。这使他最初领悟人类日常生活中的精神病理学。这一个偶然的事件使他对心理学产生兴趣并最终致力于心理学研究。

大学毕业后，他在美国依阿华大学攻读临床心理学，获得硕士学位和博士学位。1953 年夏，在完成为期一年的博士后见习后，班杜拉来到了全美最高学府之一的斯坦福大学心理系，从此开始了他那漫长而成果辉煌的教学与研究生涯，历经助教、讲师、副教授，到 1964 年晋升为教授。

《社会学习理论》一书，标志着班杜拉社会学习理论体系的诞生。之后，班杜拉继续在理论和经验两方面丰富并完善了社会学习理论体系，并于 1986 年发表《思想与行动的社会基础：社会认知理论》。

(二)社会学习理论的介绍

社会学习理论的建构，有两个社会背景：第一，随着电子工程学的迅猛发展，大众传播技术发生了革命性的变化，各种符号系统，如语言、文字等，作为社会传递的手段及承载人类实践经验的信息载体，在人类的社会生活方式中越来越显出其重要性；第二，行为主义的衰落为整个心理学的发展提供了契机。

1. 观察学习

班杜拉在传统学习理论的基础上提出了更为广泛适用的观察学习理论。所谓观察学习，是一个人通过观察他人的行为及其强化结果而习得某些新的反应，或使他已经具有的某种行为反应特征得到校正。并且，在这一过程中，观察者并没有对示范反应做出实际的外显操作。

班杜拉提出人类的五种基本能力：符号化能力、替代学习能力、预见能力、自我调节能力和自我反省能力。而观察学习是替代学习能力的具体表现形式。他认为，观察学习主要是一个信息加工过程，其中观察者将有关示范原型的行为结构和环境事件的信息转换成符号表征，作为观察者以后表现这种行为的内部指导。

观察学习，包括如下四个过程。

（1）注意过程。

注意过程，使观察者知觉到榜样情境的各个方面。

（2）保持过程。

个体储存所看到的感觉表象，并且使用言语编码记住这些信息。

（3）复制过程。

从榜样情境中学习所观察到的行为。个体将符号表征转换成适当的行为，为此个体必须做到两点：一是选择和组织反应要素，二是在信息反馈的基础上精练自己的反应，即自我观察和矫正反馈。自我效能感是影响复制过程的一个重要因素，即一个人相信自己能成功地执行一个特定的结果所要求的行为。

（4）动机过程。

因表现所观察到的行为而受激励，班杜拉还提出了两种强化：①替代性强化。替代性强化是指观察者因看到榜样受强化而自己也受到的强化。②自我强化。自我强化依赖于社会传递的结果，是对自己行为进行自我奖励。此外，班杜拉还提出了自我调节的概念。他假设，个体能观察他们自己的行为，并根据自己的标准进行判断，并由此强化或惩罚自己。

总之，班杜拉的社会学习理论不回避人的行为的内部原因，相反，它重视符号、替代、自我调节所起的作用。作为一个折中主义学习理论家，班杜拉强调社会学习的认知因素。

2. 学习观

（1）人类许多学习都是认知的。

人类具有用符号表征事物的能力，这使得人类行为在多样性和灵活性方面比动物行为优越得多。

（2）反应结果是人类学习的主要来源。

一种行为发生时，总会导致某种结果，都会对一个人的行为库产生某种影响。这种影响可能是三重性的，即反应结果具有信息功能、动机功能和强化功能。

（3）观察是学习的另一个主要来源。

人类的许多行为都是通过观察他人的行为及其结果而习得的。

（4）呈现一个榜样可能会产生不同的效应。

榜样对观察者来说至少会产生三种不同效应：①观察者通过观看榜样行为习得一种新奇的反应，这是他原来行为库中所没有的；②加强或削弱观察者对自己已有行为的抑制；③引发观察者行为库中已有的反应，即社交促进效应。

（5）观察学习是规则和创造性行为的主要来源。

观察者可以概括榜样行为的具体特征并加以编码，这对于观察者掌握人类语言来说是至关重要的。另外，榜样越是多样化，观察者就越能做出创造性的反应。

3. 示范疗法

示范疗法是班杜拉社会学习理论的独特贡献之一。班杜拉认为，不管是人类的正常适应行为，还是病态的障碍行为，都是通过观察学习和试误学习两种方式获得的，因此观察学习原理也可以用于变态行为的心理治疗，由此提出了示范疗法，这对于教育教学也有启发作用。示范疗法表现为不同的治疗程序，主要包括以下几个方面。

（1）真人示范程序。

真人示范程序即让患者在对现实的真人真事的观察过程中克服变态行为，同时掌握适应行为，达到治疗效果。其中，作为其示范榜样的人往往是治疗者本人或其助手。如通过对成功榜样的不断反复观察，焦虑患者在很大程度上克服了恐惧反应，能够重新从事他们先前因恐惧而加以回避的活动，并对恐惧对象发展出更为积极的态度。

（2）符号示范程序。

符号示范程序可采用视听示范或书面示范等不同形式，即将治疗的示范事件或过程以视听手段拍成电影、录像或改编成文字性说明材料。这种符号示范程序除了作为一般障碍行为示范治疗的辅助手段外，还特别适用于那些不宜公开示范的变态行为，如某些行为障碍治疗等。

（3）内隐示范程序。

内隐示范程序是让患者想象示范榜样对适应行为的表现过程。这种程序既可以帮助患者克服恐惧和焦虑反应，又可以帮助适应行为缺失性患者获得新的应对技能。

（三）评论

20 世纪是西方现代心理学兴旺发达的时代，是西方心理学学派林立、多元取向的时代，也是西方心理学弊端严重、面临变革的时代。20 世纪 50 年代末 60 年代初，在行为主义进一步陷入困境和危机的情况下，许多心理学家纷纷抛弃行为主义的立场转而研究人的心理过程，于是认知心理学应运而生。班杜拉经过长期的深入研究与思考，在吸收了一部分行为主义的理论、信息加工理论和强化理论的基础上，构建并发展了社会学习理论，被认为是现代社会学习理论的奠基人或集大成者。

观察学习是班杜拉在大众传播技术迅猛发展的时代，对行为主义心理学家传统的试误学习理论进行反思的结果。试误学习理论认为人只能通过行为反应的结果而获得各种行为技能和行为方式。毫无疑问，人不可能在学习每一经验时，都亲身经历。例如，学开车的过程，如果人只能盲目地试探行为的结果，那大部分的人必然等不到学会开车的那一天就已经出事故，而且试误学习的过程是非常冗长的。于是班杜拉提出了以示范作用为主要形式的观察学习理论，从社会角度来阐述学习过程，解决了心理学的一大难题。

社会学习理论建立在设计严密的实验研究基础之上，其假设大多都有实验结果证明。社会学习理论非常重视理论研究与实际应用之间的关系，特别重视大众媒介，尤其是电视对儿童产生的影响，直到今天都有现实意义。

【思考与练习】

1. 简述对布鲁纳的“认识结构学习理论”的认识。

2. 请简述自己认为教学实践中可以比较好地实际运用的学习理论，并说明理由。

第十章　幼儿教师教学心理

【关键词】

角色；角色期望；幼儿的能力

【学习目标】

1. 了解幼儿教师角色的历史定位。
2. 了解幼儿教师角色的角色期望。
3. 了解性格和如何塑造幼儿的性格。

【学习重点和难点】

本章主要讲述了幼儿的个性发展，重点在于认识幼儿教师的角色期望，掌握幼儿教师教学心理素质相关内容。难点在于认识幼儿个性的不同特点，及熟练地掌握并且运用这些不同的特点引导幼儿成长。

【内容结构】

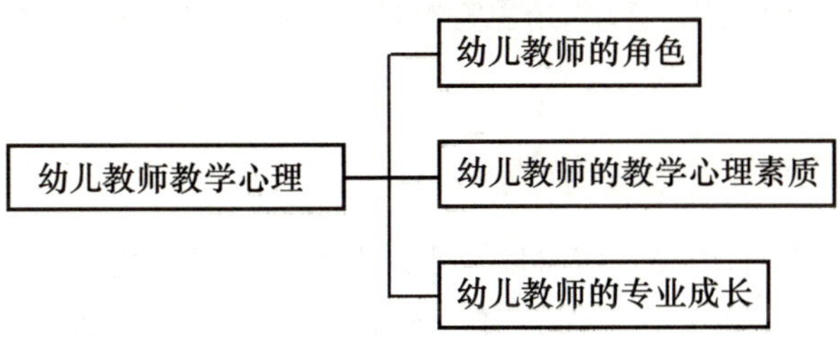

第一节 幼儿教师的角色

【案例导入】

活动开始了，但是心怡注意力不集中，举手也不积极了，总是和旁边的乐乐、想想争执、打闹，他们打闹的声音有时甚至影响了活动的开展，有的幼儿开始告状了，表示出对心怡的不满。

听到铃鼓声，心怡已经坐端正了，小眼睛看着我。在教育活动中，心怡专注地投入活动，积极动脑，举手的姿势也很规范，她的回答多是令人满意的。几乎每个教育活动中，她都是这样表现良好，在教育活动开展过程中，再没有和周围同伴争执打闹的现象发生了，所以我及时地表扬肯定她，并以她的进步为榜样，鼓励其他幼儿。

思考：

怎么理解老师在此案例中的作用呢？

心理学中的角色概念是借用戏剧概念引申而来的，原指戏剧舞台上的特殊人物，现在通常理解为个体在社会群体中的身份，以及与身份相适应的行为规范。幼儿教师的角色是幼儿教师在托幼机构和幼儿的学习与发展中的身份，以及这种身份所带来的各种行为模式的总和。幼儿教师角色的实质就是幼儿教师在幼儿生活和学习中扮演什么角色的问题。明确幼儿教师的角色不仅可以使教师明确自身的专业职能，还可以为教师专业成长找准方向找到动力。

教师角色定位受制于社会政治、经济、文化以及人们对教师的期待等多种因素。同时，随着社会的发展变化，教师角色特征的内涵越来越丰富，呈现出多元化与动态性的特征。

一、幼儿教师角色的历史定位

古今中外，在不同的历史发展阶段对于幼儿教师的角色定位是有所不同的。

从世界范围来看，在古代，公共托幼教育机构未设立之前，幼儿主要在家庭中接受养育，负责养育的人主要是母亲，少数富贵人家则专门精心挑选女奴或女仆来负责，她们所扮演的是幼儿全职的“保姆”角色，负责对幼儿身体和生活上的看护。

世界上第一个公共托幼教育机构于 1816 年由欧文创建，主要招收工人阶级年幼子女，欧文将从教人员称为“教师”，并提出了一些相应的要求，比如热爱幼儿并对他们有无限的耐心；性情温顺；语调和神态应当是和善的；对所有的幼儿一视同仁。

19 世纪 40 年代左右“幼儿园之父”福禄贝尔在他所创建的幼儿园中将工作人员称为“教师”，教师开始脱离传统的保姆式角色，独立出来成为专业的儿童教育工作者。蒙台梭利于 1907 年在意大利创办了“儿童之家”，其教育体系从根本上改变了传统意义上幼儿教育的教师与儿童之间的角色关系，她认为，幼儿教师是儿童活动的观察者和指导员。

我国于 1903 年在湖北创办了第一所幼儿园——武昌幼稚园，我国第一批正式的幼教工作者，当时被称作“保姆”，这些幼教工作者是从妇女、乳娘中挑选出来并训练而成，职责是照看幼儿，她们的文化程度最好的只有小学三年级水平，是封建社会“三从四德”的模范和宣传者。当时的幼儿教师基本上没什么社会地位，1937 年老解放区的有些幼教机构开始将幼教工作人员分为“教师”和“保育员”两类，分别承担教育和保育工作，这种对幼教工作人员的分类称谓一直沿用到现在。

随着社会、科技的发展以及心理学对婴幼儿心理发展研究的深入，早期教育的重要价值已经得到全社会的认可，幼儿教育得到了前所未有的重视，幼儿教育事业因而迅猛发展，在这种背景下，社会对幼儿教育工作者的素质要求急剧提高，对幼儿教师的角色呈现多元的认知：如幼儿的养护者、知心朋友、幼儿学习的促进者和支持者、课程的研究者、设计者和实施者等。人们普遍认为，幼儿教师扮演的社会角色越多，越有利于幼儿的身心健康成长。

总之，从历史上看，中外幼儿教师的角色都经历了一个从“保姆”到“教师”，再到“角色多样化阶段”的演变过程。

二、幼儿教师角色的理论研究

从理论视角来看，不同心理学派对幼儿学习和发展的看法不同，于是教师角色观也在某种程度上存在着差异。

（一）以行为主义为理论基础的幼儿教师角色观

行为主义学派把学习看成是刺激与反应的联结，人类学习的过程就是被动地接受外界刺激而形成行为的过程。该学派认为环境和教育是儿童行为发展的唯一条件，儿童的身心发展完全依赖于教育和教师。

在这些观点的基础上，行为主义学派进一步认为：首先，幼儿教师是幼儿行为的塑造者。在教育过程中教师要掌握、塑造和矫正幼儿行为的方法，为幼儿创设一种环境，尽可能在最大程度上强化幼儿的合适行为，消除不合适行为。其次，幼儿教师是知识和道德观念的传授者。行为主义把人类的学习过程归结为被动地接受外界刺激的过程，教师的任务就是向幼儿传授知识和道德观念并不断进行强化，幼儿的任务则是接受和消化。再次，幼儿教师是幼儿活动的组织者和管理者。总之，幼儿是被动的受控者和教师命令的执行者，教师组织课堂教学和活动，进行班级管理，必须明确和显示其权威地位才能让幼儿形成积极的行为规范，因幼儿学习与此师生关系呈现出“以教师为中心”的特点。

（二）以精神分析为理论基础的幼儿教师角色观

精神分析学派非常强调幼儿早期经验和情绪情感健康发展的重要性，重视幼儿的潜意识以及健康人格建构的研究。基于对儿童潜意识、人格发展和早期经验的认识，精神分析学派的教师角色观主要体现在以下几方面。首先，幼儿教师是幼儿的第二任母亲：幼儿进入幼儿教育机构后，教师代替了家长的职能，幼儿处于教师的人格影响当中。如果师幼关系处理不当，幼儿的学习能力和身心发展就会受到束缚。教师像父母一样去爱幼儿，为幼儿创造安全、信任、和谐的氛围，才能帮助幼儿成长为具有健全人格的人。其次，幼儿教师是幼儿积极人格建构的引导者：一方面，教师要给幼儿机会以表达自己的良好情绪，还要为幼儿提供可发泄不良情绪的“出口”。在必要的时候，可以让幼儿通过摔打塑料、布质玩具，发泄在现实生活中因本能冲动、成人责备、同伴冲突等原因而产生的不满、抑郁等情绪，即引导幼儿利用宣泄等方式释放潜意识中的能量。另一方面，教师通过开展游戏、美术、舞蹈等活动来让幼儿发泄压抑情绪。通过这些活动让幼儿全神贯注，有效地调动生命能量，使幼儿的自我得到开发，心理健康发展。

（三）以人本主义为理论基础的幼儿教师角色观

马斯洛认为，幼儿的学习依靠他们与生俱来的成长潜能，不需要成人刻意去教导。罗杰斯认为，学习是个人潜能和人格的充分发展，是自我的发展，学习者本人才是学习的主体，关于教师的角色，该理论反对传统的教师角色观，即反对将教师只看成知识的传授者、道德的示范者以及权力的主导者等。

人本主义学派的角色观认为：首先，教师是爱的实践者。教师通过成熟的爱感染幼儿、尊重幼儿、理解幼儿、关爱幼儿，与幼儿平等交往，做幼儿的朋友，让幼儿在爱的氛围中成长。其次，教师是幼儿成长与发展的激励者和促进者。在人本主义心理学家看来，教育的基本目的在于促进幼儿各种潜能的开发，满足幼儿多层次的心理需要，使之成为完整的人。而教师的作用就是激发幼儿成长的内在动机，发展幼儿的潜能和积极向上的自我意识，从而使幼儿能够自己教育自己，最终达到自我实现。最后，教师还是良好环境的营造者。教师应致力于创设一种无拘无束、促进幼儿健康成长的心理氛围和允许幼儿自由选择的学习环境，这是建立和谐人际关系和促进幼儿人格成长的重要条件。

（四）以个人建构主义为理论基础的幼儿教师角色观

皮亚杰的个人建构主义是基于其幼儿心理发展观点而形成的。皮亚杰的基本观点是幼儿在与周围环境相互作用的过程中，通过同化与顺应逐步建构起关于外部世界的知识，从而使自身认知结构得到发展的；幼儿是积极主动的探索者和建构者。

关于教师在幼儿学习与发展中的角色，建构主义认为：教师首先是幼儿学习的支持者和合作者。一方面，教师要为幼儿创设支持性的环境和提供可操作的材料，并营造温馨、宽松安全、和谐的心理关系和平等、民主、合作的人际关系，从而支持幼儿的学习和探索；另一方面，在幼儿遇到困难和问题时，教师要以朋友、合作者的身份支持幼儿的主动探究，使幼儿的主动学习能够顺利进行。其次，教师要做幼儿学习的引导者和促进者。教师的引导是为了让幼儿更好地成为学习的主体，教师要根据教学目标和幼儿认知结构的发展特点创设生动的教学情境，引导幼儿的自主探究行为，促进幼儿以积极的态度、饱满的热情和旺盛的精力投入学习活动中。最后，教师是幼儿身心发展的观察者和研究者。教师要通过观察准确地把握幼儿的表现和活动情况，从而适时恰当地参与其中，帮助和支持幼儿。同时，幼儿教师要通过不断地观察积累丰富的教育经验，总结形成有关教学的规律性的认识，以便更好地为幼儿发展服务。皮亚杰自身就是一个持之以恒的儿童观察者和研究者。

（五）以社会建构主义为理论基础的幼儿教师角色观

维果茨基认为，个体的学习是在一定的历史、社会文化背景下进行的，社会可以为个体的学习和发展起到重要的支持及促进作用。幼儿是在一定社会文化背景中通过与成人或同伴的互动来学习的。他强调，教学要想对幼儿的发展发挥主导和促进作用，就必须走在幼儿发展的前面，因此，教学必须按照幼儿的“最近发展区”来设计和实施。在学习观和教学观的基础上，社会建构主义认为幼儿教师在幼儿的学习中应该扮演如下角色。首先，教师是情境的创设者和材料的提供者。教师要营造一种动态的、变化的学习氛围，创设对幼儿具有挑战性且必须解决的真实问题情境，促进幼儿积极思考，而且要为师幼互动提供平台；其次，教师是活动的提携者和适时的支架者。这种提携和支架要求教师了解幼儿的原有发展水平，能从幼儿的角度出发，推动幼儿的学习进程。维果茨基提出“支架教学”就是对其观点意义的生动解释与演绎。在有效的“支架教学”中，教师并不是告诉幼儿解决问题的方法，而是随机巧妙地使用问题情境中可利用的资源，给予适时提携，引发和支持幼儿自己解决问题。幼儿教师还是互动合作中的对话者和积极的关注者。教师以合作者和对话者的角色身份介入幼儿的学习，为幼儿的学习起到推波助澜的作用。教师还要保持对幼儿学习活动自始至终的积极关注，不仅表达对幼儿的尊重、理解和期望，还要通过观察、倾听并记录儿童的行为表现，教师可以抓住适时的教育契机，有效地促进幼儿的自我学习和相互学习。

三、现代幼儿教师的角色期望

教师的角色期望即社会上的其他人对教师的角色行为和角色品质所寄予的期望，

即社会、他人对教师的行为期待。那么现代幼儿教师的角色期望是怎样的？人们期望中的现代幼儿教师到底是什么样的角色？

（一）社会对幼儿教师的角色期望

教师的职业特征决定了社会对教师的角色期望。国家教育部于2001年颁发《幼儿园教育指导纲要（试行）》（简称《纲要》）。它是指导广大幼儿教师将《幼儿园工作规程》的教育思想和观念转化为教育行为的指导性文件。《纲要》中有关幼儿教师角色的阐述代表着社会对幼儿教师的角色诉求，这既是对教师的要求和对教师成长的殷切期望，也是对广大幼教工作者的挑战。《纲要》界定的幼儿教师角色如下。

1. 教师应成为幼儿学习活动的支持者、合作者、引导者

（1）以关怀、接纳、尊重的态度与幼儿交往。耐心倾听，努力理解幼儿的想法与感受，支持、鼓励他们大胆探索与表达。

（2）善于发现幼儿感兴趣的事物、游戏和偶发事件中所隐含的教育价值，把握时机，积极引导。

（3）关注幼儿在活动中的表现和反应，敏感地察觉他们的需要，及时以适当的方式应答以形成合作探究式的师生互动。

（4）尊重幼儿在发展水平、能力、经验、学习方式等方面的个体差异，因人施教，努力使每个幼儿都能获得满足和成功。

（5）关注幼儿的特殊需要，包括各种发展潜能和不同发展障碍，与家庭密切配合，共同促进幼儿健康成长。

相关幼教理论研究者从幼儿的健康成长、幼儿教育事业的发展和幼儿教师自身的专业提升等角度对幼儿教师寄予了更多的角色期望，呈现出多元化的趋势，它代表着社会对幼儿教师更高层次的角色要求。

2. 一些代表性的观点

张燕认为，教师角色应该具有多样性与发展性，还应该具有自主性、个体创造性与人格化的特征，幼儿教师是幼儿生活的指导者、家长的合作者、与幼儿共同成长的人、幼儿教育的社会宣传员。刘焱对于幼儿教师角色的看法是：除了基本的教学和保育工作外，幼儿教师还是幼儿行为的辅导者、课程的设计与实施者、幼儿发展的研究者、诊断者和评价者。虎丽指出，幼儿教师还应该成为一个终身学习者，不断学习，不断地自我成长，提高专业化水平，为幼儿一生的长远发展打下良好基础。冯晓霞提出，幼儿教师应该成为而且能成为幼儿发展的研究者。

蔡迎旗把幼儿教师角色定位为教育者、幼儿游戏的伙伴、幼儿的第二任母亲、幼儿的知心朋友、研究者和理论的建构者。霍力岩则认为，幼儿教师不应仅仅是课程的实施者，同时还应是课程的开发者，介入课程开发、课程实施与课程评价的整个过程，并在这个过程中使自己得到专业发展。还有研究者指出，幼儿教师应该是实践的

反思者，要像研究者一样对自身的教育实践活动进行反思，从以上研究者对幼儿教师的角色阐述可以看出，社会对幼儿教师的要求非常高，幼儿教师不是扮演单一的“教育者”和“养护者”的角色，而是应承担全面的、多重的角色，这些角色构成复杂的“角色丛”或“角色集”。

（二）当代幼儿教师的真实角色

社会对幼儿教师的角色期望是一种理想化的期待，它要求每一个教师在各方面都做得尽可能完美。事实上，由于主客观等多方面的原因，幼儿教师个体的表现不可能全部达到这些要求。其中的主客观原因包括专业发展机会有限，幼儿教师自我提升的愿望无法满足；幼儿教师自身学历水平偏低，适应不了社会的期望；幼儿园班额超标现象普遍，日常工作负担过重；等等。上述情况往往导致很多幼儿教师个人现实的角色表现同社会角色期望之间存在较大的差距。

【拓展阅读】

一位老师的自述

从你当上幼儿教师的那天起，就等于把自己交给了孩子。提前制订计划，按照计划教他们学这个，学那个，事先准备好活动材料；要教他们唱歌、画画、做游戏，教他们认识很多东西，以及动手的技能、技巧等；还要教他们学会自我保护，懂文明礼貌，养成好习惯；孩子不会做的事要帮他做，有了问题也要去解决，哪个地方需要赶紧过去。不然，领导会认为你的工作能力不强，家长也会对你有看法，他们在乎于眼看你学会了什么。

案例中教师的话表达了我国大部分幼儿教师的真实心声，它具体而详细地描述了幼儿教师在幼儿园中真实扮演的角色：课程的设计与实施者、知识和技能的传授者、幼儿生活的照顾者、人身安全的保护者、社会化的引导者、园内的被管理者、家长的服务者……这是当代幼儿教师最真实的角色，实现幼儿教师多重角色的理想，不仅需要幼儿教师个人的努力，还需要政府、社会及幼教管理者等多方帮助。

第二节 幼儿教师的教学心理素质

【案例导入】

大胆举手发言，不害怕观察情况记录与分析片段：在今天的语言活动《看云去》

开展之前，我把小静请到了身边，拉着她的小手，亲切的与其交谈。我问：“小静，喜欢上管老师的课吗?”她微笑着点点头，“管老师可喜欢小静上课时认真的样子呢，管老师一直希望能看到你举手发言，好想听小静回答问题，你愿不愿意呀?”她说：“愿意。”“恩，管老师最喜欢在课上积极动脑，大胆举手发言的孩子了，你认真听清问题，想到了什么就可以举手说，大声的告诉大家，即使说错了也没关系，只要你愿意大胆地表达就是勇敢的好孩子，懂吗?”她点点头。

在活动中，当问及“你刚才看到的云是什么样的？像什么?”和“如果请你把云朵画下来，你准备怎么画?”时，小静也积极举手，大胆地表达出自己的想法，这是一个大大的突破，我及时用她喜欢的图形宝宝奖励了她，她的笑容更甜美了。

思考：

老师在课堂上的鼓励起到了什么作用呢？

心理素质是指与个体心理有关的一些品质。教师的教学心理素质指教师在教育、教学过程中的心理品质。它直接支配、调节着教育教学活动。幼儿教师应该具备以下几种基本的教学心理品质。

一、幼儿教师的基本教育信念

幼儿教师的教学既包括对知识、经验和技能的传授与引导，又包括对幼儿人格、道德、习惯的养成，是幼儿教师的教和幼儿的学相结合的活动。成功的教学除了受课程、教学目标、教学方法和教学环境等因素的影响外，还受教师本人主观因素的影响，教育信念就是其中之一。如果教师深信其头脑中储存的教育理论和由此形成的教育观念，并根据理论和观念直接调节其教学活动，那么这种教育信念无时无刻不影响他的教育行为。这里介绍几种幼儿教师的基本教育信念。

（一）教学效能感

所谓教师的教学效能感，是指教师对教育作用的认识和对自己在教学活动中能否有效完成教学工作、实现教学目标、促进幼儿学习的一种能力的主观判断与信念，这种判断与信念会影响教师对自己行为的期待、对儿童的指导行为，从而影响教师的工作效率。教学效能感涵盖个人所抱的教育信念、自我感知以及与之相应的教育教学行为，具有内隐性和个体性等典型特征。教师的教学效能感在教育信念中处于核心地位，无论是对于教育工作、儿童发展还是教师自身发展都具有极其重要的意义。

（二）教学控制点

“控制点”是近代心理学研究中提出的一个新概念，是由美国心理学家罗特（J.Rtter）首先提出来的，指个体对自身行为和后果是由自己控制还是由外部力量控制的一种泛化预期。所谓教学控制点，是指幼儿教师将自己的教学成效和幼儿学习的成功或失败，归因为外部因素或者是内部因素的倾向。一般来说，有的幼儿教师倾向于内归因，属于内控制点，即将教学成效和幼儿的发展归因为教师自己的教学水平、教学方法、努力程度等，更多地认识到幼儿教师对幼儿发展存在的重要影响；而有的幼儿教师倾向于外归因，属于外控制点，即将教学成效和幼儿的发展归因为幼儿原有能力、学习材料和客观条件等认为幼儿教师是无法控制与把握的。

研究表明，内控制点的幼儿教师更可能采取主动的工作态度和行为，他们往往会根据幼儿的反应和对行为与目标之间的比较等信息对教育行为作出适当的控制、调节，从而使教育活动和行为适合幼儿的发展水平与需要；而外控制点的幼儿教师由于认为自身无法控制幼儿的发展，视幼儿的发展与己无关，且自己的努力不会带来什么变化，因而更可能缺少主动性与积极性，表现出被动的工作态度和教育行为。优秀幼儿教师一般都倾向内部与外部结合的归因，而不是单方面的归因。

(三) 教学监控

教师的教学监控是教师认知技能的一个方面，也是教师的一种重要的教学心理素质。云艳等将幼儿教师的教学监控能力定义为：在幼儿园的集体教学活动中，幼儿教师为了保证教学的成功，达到预期的教学目标，将教学活动本身作为意识的对象，不断地对其进行积极主动的计划、检查、评价、反馈、控制和调节的能力。

幼儿教师教学监控能力的发展存在四种水平。

（1）前监控水平。在这个阶段，幼儿教师基本上表现不出对教学活动的监控性，缺乏计划、检查、评价、控制和调节教学活动的能力，把握不了幼儿园教学的一般原则，活动结束后也不能进行有条理的反思。

（2）被动监控水平。此阶段的教师对幼儿的发展水平和需要有了一定的了解，初步认识课堂教学中的问题，注意到幼儿的行为反应，但由于缺乏相关的经验，还不能作出有效的控制、调节并及时对幼儿的反应作出回馈。因此在教学活动中显得比较被动和冲动，有时会被情绪所左右。

（3）主动监控水平。教师在此阶段对幼儿的发展水平和兴趣、需要有较为准确的了解，能有意识、积极地按照幼儿的发展需要、兴趣和反应调节、控制自己的教学行为。但调控的方式不老练，显得有些生硬。

（4）自动化监控水平。在这一阶段，教师对课堂教学过程中出现的问题有准确且及时的能迅速把握幼儿的经验、发展需要、兴趣，并能根据幼儿的反应快速调节自己的教育策略，甚至及时生成新的教学内容满足幼儿当时的需要。

二、幼儿教师的情感与个性品质

(一) 情感投入

教师是教育教学的主导者，教师情感是教育教学发挥作用的关键因素。幼儿教师的情感投入主要反映了他们对幼教工作和幼儿所持的态度。具体而言，指的是幼儿教师对幼教事业和幼儿的热爱以及教育责任感等。幼儿的生理和心理都尚未发展成熟，正处于身心发展的关键时期，所以在幼儿园教育教学中尤其需要幼儿教师的情感投入方面，幼儿教师的情感投入是幼儿身心发展的需要。幼儿的生理发展、情感发展、学习兴趣的提高和审美能力的发展都需要幼儿教师的情感投入。希望得到幼儿教师的关心已成为幼儿某些行为表现的动机之一，幼儿在幼儿园每天都怀着期待的心情等待着幼儿教师对自己积极反应和爱护。

另一方面，幼儿教师的情感投入是其做好幼教工作的精神动力和力量源泉，是圆满完成教学任务的重要条件，也是幼儿教师高尚道德情操的重要体现。一个好的教师必须热爱自己的职业，对教学抱有极大的热情，这样他才有可能积极地投入到教学工作中去。有研究者对专家型教师的研究表明，好的教师能像一个赛车手爱自己的车一样与幼儿以及教学过程融为一体，而这很重要的原因就在于她对教学投入了深切的感情。

根据艾格涅的研究，幼儿教师在教学中的情感投入主要有以下三个方面：①对幼儿的信任感；②为人师表，不断自我提高；③与幼儿间友好信赖的关系。国内的研究者将教师对幼儿的情感归结为三种：①亲近感，即师幼之间的依恋；②理解感，师幼之间心领神会，可以很容易沟通；③期望感，教师对幼儿的发展抱有真诚的期望和信任。

（二）幼儿教师的个性品质

个性是一个人整体的心理面貌。这里介绍的教师个性品质是教师在教育教学活动中心理特征的整体体现。国内外大量研究证明，教师的个性品质是影响教育教学的重要因素。教师的工作对象是活生生的、正在成长且富有发展潜能的儿童，因此，教师必须有良好的个性心理品质。

瑞安斯在一项大规模的研究中发现，具有下列个性品质的教师能有效地促进学生的学习：①关心人、体贴人、理解人、友好和蔼；②具有事业心和责任感，喜欢并且热爱自己的工作；③在教学中具有激发和刺激能力，具有丰富的想象力和极大的热情。个性包括三个方面：①个性倾向性，如动机、信念等；②个性心理特征，如能力、气质、性格等；③个性自我调节，如自我评价、自我控制、自我体验等。下面从三个方面阐述幼儿教师应具备的主要个性特征。

1. 正确的职业动机

职业动机是幼儿教师做好幼儿教育教学工作的基本动力。真心喜爱幼儿，愿意献身于幼教事业并忠诚于幼教事业是幼儿教师最高尚的职业动机。幼儿教师在这种动机引领下就会以快乐的、积极的状态，无怨无悔地投入工作和生活中去，以豁达的态度对待周围的一切，摆脱生活中令人窒息的各种压力，认真地、满腔热情地从事幼教工作，甚至把幼教职业活动的过程本身看成是自己生活的过程、人生的目的，并体验其中的乐趣。

2. 成熟的自我意识

自我意识是个性的自我调节系统，幼儿教师能够意识到幼教职业的价值，意识到幼教工作的崇高，就会产生自豪感、光荣感、责任感。自我意识包含三个基本因素：自我认知、自我体验和自我调控。从自我认知来看，成熟的幼儿教师一般能正确地进行自我剖析、自我评价、自我心理鉴定，并要求自己不断追求上进；从自我体验来看，成熟的幼儿教师有积极的自我感受，能体验到幼教工作的愉快和光荣，对自己的工作充满自信；从自我调控来看，幼儿教师能在工作中不断地进行自我调节、自我监督，善于自我疏导，自觉抵制不良情绪。

3. 适宜的性格特征

性格是指决定个人对待现实的态度和行为方式的稳定的心理特征。它不是与生俱来的，而是在个体社会化过程中慢慢形成的。威悌（P.A. Witty）根据调查研究分析出有效能和无效能教师的性格特征。

幼儿教师有其与一般教师相同的性格特征要求，但教育对象年龄阶段的差异性，决定了其性格要求也有别于其他类型的教师。幼儿教师应理智、刚毅、进取、灵敏、乐观、热情、勤勉、自尊、自主，并具有广泛的兴趣。考虑到幼儿的身心特点，幼儿教师还应具有童心童真童趣、活泼开朗等积极的性格。幼儿教师只有具备了这种性格倾向才有亲和力，才能和幼儿打成一片，创设适合幼儿需要的“童趣世界”，但这种心态源于有意识地促进幼儿学习，并不是指教师本人的幼稚或不成熟。

幼儿教师的职业能力

第三节　幼儿教师的专业成长

【案例导入】

吃手指的孩子观察分析区域

游戏的时候，小朋友都在快乐地游戏着，可思思却把手伸进嘴巴里吸，眼睛则东张西望地看着各个区域的游戏，好像在思考应该参加哪个区域的游戏。

我走过去轻轻地把他的手拿开，并告诉他：“思思，老师喜欢讲卫生的孩子。我们的小手上有很多的细菌，如果把小手放在嘴巴里面，细菌就会从你的嘴巴里面跑到我们的肚子里，这样会肚子痛的。”说完，只见他认真地点点头。

可是等我看向其他小朋友的时候，他又把手放进嘴巴里面。

无奈，我只好把他叫到我身边来，“思思，为什么你在吸手指?”他只是含着手看着我，一句话也不说，我又问道：“喜不喜欢听故事啊，老师给你讲个《生病的小熊》的故事吧!”

讲完故事，我问他：“小熊是怎么生病的?”他小声地告诉我：“小熊肚子里面长了虫子，肚子疼。”我问：“小熊怎么会肚子疼的?”思思看着我说：“小熊把手放在嘴巴里。”“那你想不想像小熊那样啊?”他大声地告诉我：“不想。”我问：“那如果不想肚子疼，就应该怎么做啊?”他想了一会儿告诉我说：“以后我再也不会把手放到嘴巴里面去。”

思考：

老师在引导幼儿过程中运用了什么方式呢？如果是你，你会怎么做呢？

一、专业化幼儿教师的心理特征

专业化教师，也称专家型教师，是指那些在教育、教学领域中，具有丰富且组织化了的专门知识，能根据具体的教学情境，策略性地运用教育科学理论知识与教学技能，高效率地解决教学中各种问题的教师。他们具有良好的教学效能感和教学监控能力，教学中富有创见，能及时而灵活地采取恰当的教学行为来促进教学的顺利进行，能够高效率地解决问题及敏锐的洞察力是其最显著特征。具体来讲，专业化幼儿教师具有以下几个方面的心理特征。

(一)具有较强的教学监控能力

专业化幼儿教师由于经验、能力，特别是教学监控能力较强，他们常常以自身教学实践为对象，自觉反馈、反思和调整，因而能形成比较有效的教学行为，即他们会自觉地综合运用教育类专业知识对教学情境作出判断，并把对这一情境的思考作为教学计划和班级管理的依据，调整和选择教学方案。如面对幼儿同伴冲突事件，专业化幼儿教师就会思考，是否由于“教学活动的安排和材料的投放不合理而引发了冲突?”“这类冲突事件是不是本班幼儿的普遍现象？本班幼儿的社交技能是不是普遍低下?”“有没有必要将这一社会性问题纳入教学计划?”等。教师对教育情境的恰当反应体现了其专业化水平。非专业化幼儿教师怎么处理幼儿冲突事件呢？非专业化幼儿教师表现出较低的教学监控能力，很少去思考如何利用意外的机会教育幼儿，只会为眼前的利益或出于个人的喜好，在最短的时间内迅速做出反应消除争端。他们可能会简单粗暴地处理事件，采取的方式一般有大声训斥、说教、威胁、分开等，他们不会考虑这些方式可能对幼儿产生什么影响，更不会仔细考虑幼儿行为背后的深层原因。

（二）持有专业敏锐的洞察力

与非专业化幼儿教师相比，专业化幼儿教师解决教育教学问题的效率更高，具有高水平的教学机智。他们具有运用专业知识判断、分析事情的前因后果，思考各种可能的行动方式，并评估行动及决定可能产生的长远后果的判断决策能力。这是因为他们在深厚的专业素养的基础上，形成了专业敏锐的洞察力，能够迅速且不需努力或只需很少努力便可以鉴出有助于问题解决的信息，并对问题给出恰当的解决方案。

（三）拥有健康的心理和健全的人格

幼儿教师的健康心理和健全人格对幼儿的身心发展具有重要的影响，现代教育更加重视教师心理素质的优化和心理健康水平的提高，具有健康心理和健全人格的教师指的是那些具备良好的自我意识、健康的心理素质、高度的创新精神、和谐的人际关系、较强的实践和协调能力，能在教育实践中充分发挥自身潜能，不断完善和发展自我的教师，专家型幼儿教师往往具有较高的教学效能感，有较明确的职业意识和职业精神，有较强的心理承受能力。一般来说，专业化幼儿教师心理更加健康、人格更加健全。

二、幼儿教师专业成长的历程

幼儿教师的专业化发展需要一个过程，这一过程又表现出阶段性的特征。教师专业发展需经历一系列阶段，相关的研究有助于我们认识其特点与规律。综合近年来不同学者对有关教师专业成长过程的研究，主要有三种发展阶段理论。

德瑞弗斯将教师专业化发展分成五个水平：新手水平、高级新手水平、胜任水平、熟练水平、专家水平。结合前人有关教师专业化发展阶段和水平的研究成果，我们从幼儿教师教学心理发展的角度将幼儿教师专业化发展归纳为以下几个阶段。

（一）职前培养阶段——幼儿教育教学观念培养阶段

各级各类师范学校承担着培养未来幼儿教师的责任，是幼儿教师专业成长的重要基础和前提，是专业化幼儿教师的孕育基地。未来幼儿教师的素质如何，跟学校教育和教学是分不开的。我国幼儿教师职前教育体系的层次较之以前相对丰富，且向高层次发展。现在许多学校中专升格为专科，专科升格为本科，招收的学生从初中为起点向高中转移，学前教育硕士和博士研究生的招生规模也正迅速扩大。

在这个阶段，学前教育专业的学生作为未来的幼儿教师，不仅要系统地学习科学的、基本的理论知识和教学技能，还要经常走进幼儿园见习实习，现场观摩、评课议课，多参与实践锻炼，提高自己的幼教理论水平和综合实践能力，为将来走上幼儿园工作岗位打好基础，也为将来能成长为专业化幼儿教师作前期的准备。

（二）新手阶段——教学适应阶段

入职后的初期适应阶段称为新手阶段，也是缺乏教育经验的探索阶段，这是幼儿教师任教后的最初几年，实现由学生向正式幼儿教师的角色转换，学会处理并胜任日常教学工作的时期。这一阶段也是幼儿教师所学理论知识、教学技能与现实实践的“磨合期”，他们将面临很多“现实的冲击”。“现实的冲击”是指在师范教育阶段所形成的教学理想在严峻、残酷的日常课堂生活现实面前的彻底破灭。随着在教学岗位上的多次亲身经历，新手教师很快发现，教学中的许多实际问题仅仅依靠职前教育阶段所掌握的理论知识和有限的教学技能是难以解决的，需要幼儿教师本人在教学实践过程中对理论、实践及其关系进行梳理和反思，需要幼儿教师在知识、信念、态度和行为上作出检查与调整，以克服对于教学实践的不适应性。在此阶段，新手教师主要是在教学中求生存，探求应对策略，不断地调整个人的专业目标，逐步地适应幼儿教师的角色。适应阶段的时间因幼儿教师个体差异而不同，有的幼儿教师 1 年内就能够适应，而有些则需要 2 ～ 3 年，甚至更长的时间。本阶段许多新手教师往往会遇到种种困难和挫折，对那些适应期较长的教师来说，也许本阶段是令人痛苦而难忘的，新手阶段是幼儿教师专业成长的一个关键期。初任教师最初几年教学情况如何，能达到什么教学水平，对其后来的专业发展和成长有重要影响，甚至要持续数年。处于此阶段的幼儿教师最需要的是精神上的支持（安慰、鼓励、肯定等）和教学技能上的帮助和辅导。在园所教学管理者和有经验的老教师的指导与协助下，通过自身的教学实践和自我反思，新手教师才会获得专业发展。相反，如果不提供必要的、及时的协助，任其沉浮，新手教师很有可能延长对幼教工作的适应时间，进而引发强烈的职业焦虑，导致专业成长动机下降，甚至离开幼儿教师职业。

（三）熟手阶段——基本教育信念提升阶段

一般在工作后的第 2 ～ 6 年，甚至一直持续到第 8 年，乃至第 10 年，幼儿教师已经有了一定的教学经验，教学操作环节已经熟练掌握，能较好地适应教学环境，理解幼儿，那么他已经跨进了熟手阶段。在熟手阶段，随着教学基本“生存”知识、技能的掌握，幼儿教师的基本教育信念将会日渐增强，如教学效能感、教学监控能力、管理幼儿有关的观念等得到逐步的改善和提升。

在此阶段，通过在教学实践中逐步摸索，幼儿教师对工作逐步驾轻就熟，教学能力和实践进入迅速发展期，并且有相当一部分教师逐步形成了自己的教学风格，此阶段幼儿教师不断创造和尝试新的教学策略，逐步有了一定的专业见解和判断力，同时能逐步认识和理解幼教业的价值和意义，体验到幼儿教师职业的乐趣，且对新知识、新方法保持兴趣和热情，幼儿教师经常参加各种交流会和教师培训计划，不断充实自己，会有较高的职业满足感和成就感。

（四）专家阶段——教学心理成熟阶段

经过熟手阶段的幼儿教师，其专业自信心越来越强，要成为专家型教师，就必须积累丰富的课堂教学经验。从熟手阶段到专家阶段，幼儿教师要根据具体的教学情境，策略性地运用知识与技能，迅速洞察出问题，并创造性地解决问题，这些能力已经变成自动化了的执行程序，很少或不需要意识控制，这就使得他们能把注意力集中在幼儿身上，时刻关注幼儿，着眼于幼儿的长远发展，考虑幼儿的个别差异，认识到不同发展水平的幼儿有不同的需要，更能在教育教学中因材施教。专家型教师还善于吸收积累，善于以反思来改进教学，从而不断创新。另外，一名专家型教师除了拥有专门学科的知识和技能外，还应具有深厚的教育理论修养、广阔的教育前沿视野、敏感的教育问题意识、过硬的教育科研能力等。专家阶段是教师教学心理发展最成熟的阶段。

以上对幼儿教师专业化成长过程的四个阶段的划分只是一个概念框架，并不是严格固定化的程序。实际上，由于教师个体所处的环境、自身的专业素养、内在的发展动机各有差异，再加上很多无法预料的偶然生活事件，教师专业化发展的过程具有复杂性和难以预测性。因此，教师专业化发展阶段之间的分界是相对的。

三、幼儿教师专业化成长的基本途径

很多园长在心里非常赞同幼儿教师专业发展的重要性，但在现实中，受培训经费和时间等问题的束缚，园长们也觉得很无奈。实际上，幼儿教师专业成长的途径是多样化的，且在很大程度上依赖于幼儿园教育教学，并非很多人观念中单一的脱产培训，也不仅仅是单一的科研活动，而是倾向于把教师当作学习主体，学习、培训、教研三者结合起来，多途径提升教师的理论水平和教学。

从幼儿教师个体来看，幼儿教师的专业成长应是幼儿教师作为成长主体的主动发展过程。对于一贯依赖并期望通过外部力量来发展自我的幼儿教师来说，只有转变原有的专业发展理念，不把自己的成长建立在通过别人改变自己的命运的基础上，才有可能逐步走出被动专业发展的“模具”局面，也才有可能逐步提高自己的专业水平并获得维持自我发展的核心竞争力。

那么具体有哪些途径呢？幼儿教师成长与发展的基本途径主要有两个方面：一是通过师范教育培养新幼儿教师作为幼儿教师队伍的补充；二是通过实践训练提高在职教师的专业水平。在这里我们主要探讨后者，幼儿园可以通过积极开展园本培训、实施教学反思、创建学习共同体，以及观摩、分析优秀教师的教学活动等多层次、全方位的培养模式，从而实现幼儿教师的专业化发展。

（一）园本培训

幼儿教师园本培训就是为了满足幼儿园和幼儿教师的发展目标与需求，由幼儿园发起、组织或规划，在园内开展的，立足于幼儿园实际教育教学和教育科研活动而进行的师资互动式培训，旨在提高幼儿园整体办园实力和教育质量，促进幼儿园的可持续发展。“园本”主要体现三层含义：①以幼儿园为基本单位；②基于并为了幼儿园的发展；③幼儿园拥有较大的自主权。幼儿园不仅是培养幼儿的场所，同时还是幼儿教师专业成长的基地。

幼儿园本培训最大的特点是，幼儿园的实际工作就是幼儿教师成长的平台，可以最大限度地发挥幼儿园日常工作的教育价值，切实有效地提高幼儿教师的素质和能力。在园本培训实施时，应当注意以下问题：首先，园本培训没有一套固定统一的模式，要因地制宜，每个幼儿园要结合自身的特点制定不同的培训方案。其次，园本培训只是促进教师专业发展的一种途径，并非唯一形式，幼儿园应该鼓励并创造条件为教师参加多种形式的培训提供方便。再次，园本培训的决定因素在于幼儿园的管理者，管理者能力的高低影响着培训的开展，因此，管理者自身要不断学习，以提高自身的业务水平和领导能力。

（二）反思性教学

反思性教学指的是教师在先进教育理论的指导下，借助于行动研究，不断对自己的教育实践进行反思，积极探索与解决教育实践中的问题，努力提升教育实践的科学性、合理性，并使自己逐渐成长为专家型教师的过程。具体而言，就是幼儿教师对自己的教育行为、结果以及幼儿在活动中的反应进行分析和思考。反思性教学是一种教师通过提高自我觉察水平来促进教学能力发展的手段。它是理论和实践的对话与沟通，是从具体教学经验入手，通过观察、分析、思考，然后再回到教学实践中积极尝试和验证。反思的途径有多种方式，布鲁巴奇等提出了四种值得借鉴的反思方法：①写反思日记；②观摩与分析，与其他教师互相交流；③职业发展，把教师们聚在一起，让他们提出教学中的困惑，然后进行讨论，形成解决办法；④行动研究，教师对教学中遇到的问题进行调查研究。

（三）学习共同体

所谓学习共同体，指围绕着共同的学习任务及为达到共同的目标而组织起来的，具有良好民主氛围的，成员间形成平等对话、共同学习、相互依存的团体或组织。幼儿园中学习共同体的任务是教师们分享幼儿园教育教学中的成败经验和解决教育教学中的问题，其目标和意义在于通过建立学习型组织，互相学习、分享经验、分享智慧、共同提高，从而促进幼儿教师成员的专业成长。

幼儿园学习共同体学习的方式可以多种多样，如参与式培训、分享阅读幼教专业文献参加专题讨论会、交流教学观摩心得和加入幼教专业的学术组织等。通过共同学习不断丰富自己的专业理论知识，了解专业领域中的最新进展，从而不断提高团体中每个教师的教育教学水平和分析、评价、调整、改进教育教学的能力。

（四）观摩、分析优秀幼儿教师的教学活动

目前，观摩教学也是幼儿教师专业成长的重要途径之一。它是供教师同行与有关人员观看、聆听并进行评析的教学活动，目的是探讨教学规律，研究教学内容、形式、方法和评价或推广教学经验。幼儿教师通过观摩其他优秀同伴的教学活动，可以快速地吸收他人的幼教专业知识、教学技能、教学方法、教学理念，提升自己的教学素养和教学能力。因为观摩活动可以引出对不同的典型案例的分析，提供多侧面、多层次看问题的角度和思路，促使教师更理性、更自觉地进一步学习、实践和发展新的教育智慧。教学观摩可分为组织化观摩和非组织化观摩（无计划性和目的性）。一般来讲，培养和提高新手教师或教学经验欠缺的年轻教师适合运用组织化观摩。对于那些有了相当完备的理论知识和教学能力的熟手型教师或专家型教师可以进行非组织化观摩。观摩的方式既可以是现场观摩，又可以是观看优秀教师的教学录像。通过观摩、分析优秀教师的各种类型的教学活动，可以缩短新手型教师的成长过程，也可以引导熟手型教师走出停滞期。

【拓展阅读】

开公共汽车游戏

H 教师是一位有十年教学经验的老教师，是园里的教学骨干。有一次，她带领小班的孩子们正在高兴地玩着“开公共汽车”的角色游戏。调皮的皓皓在“车前”走来走去，因怕被民警抓住，就顺势倒在地上扮演“死人”。突然另一个小朋友奇奇大声叫道：“啊呀！不好了！皓皓被汽车轧死了！”听到奇奇的喊叫，全班孩子顿时兴奋起来。大家顾不上原来的角色都跑过去瞅躺在地上一动不动的皓皓。该班教师 H 在这关键时刻，急中生智，只见她从容地翻翻皓皓的眼睑，用手试探试探他的鼻息，侧耳听听他的心跳，然后非常镇定地说：“皓皓心脏还在跳动，他没有死，孩子们，赶紧想办法急救！”幼儿顿时又活跃起来了。有的给皓皓量体温，有的给他输血、输氧，有的给他包扎伤口、打针……游戏又顺利地进行下去了，而且内容更深入、更丰富、更逼真。

【思考与练习】

1. 教学设计包含哪几方面的内容？
2. 试述有效教学的方法与形式。